경제가 기후변화를 말하다

뜨거운
지구를
살리자

재생종이로 만든 책

경제가 기후변화를 말하다
뜨거운
지구를
살리자

초　판 1쇄 인쇄 | 2016년 9월 1일
초　판 1쇄 발행 | 2016년 9월 8일

지은이 | 이철환

펴낸이 | 김명숙
펴낸곳 | 나무발전소
교　정 | 정경임
디자인 | 이명재

등　록 | 2009년 5월 8일(제313-2009-98호)
주　소 | 서울시 마포구 합정동 358-3 서정빌딩 7층
이메일 | tpowerstation@hanmail.net
전　화 | 02)333-1962
팩　스 | 02)333-1961

ISBN　979-11-86536-41-4　03300

한국출판문화산업진흥원 2016년 우수출판콘텐츠 제작 지원 사업 선정작입니다.

경제가 기후변화를 말하다

뜨거운
지구를
살리자

이 철 환 지음

기후변화, 이제는 경제가 나서야 한다

2015년 12월, 기상계에는 두 가지의 매우 커다란 사건이 한꺼번에 일어났다. 하나는 극심한 기상이변으로 지구촌이 재앙에 가까운 자연재해를 겪은 것이다. 다른 하나는 신(新)기후협약, 즉 '파리 기후협약(Paris Agreement)'이 타결된 것이다. 이러한 사건들이 기상이변 현상에 대한 경각심을 불러일으키고 있다.

당시 기상이변으로 남미 전역과 미국 중남부 지역은 커다란 물난리를 겪었고, 중국 베이징에서는 며칠 동안 극심한 스모그 현상이 도시 전체를 뒤덮어 일상이 정지되는 일이 벌어졌다. 그 밖에 다른 지역에서도 기상이변으로 인한 여러 가지 해프닝이 이어졌다.

이는 지구온난화가 급속히 진행되는 와중에 유례없이 강력한 엘니뇨 현상마저 겹친 데 기인한다. 이러한 기상이변은 2016년에도 이어지고 있다. 인도와 중국 등 아시아에선 폭염과 폭우로 수많은 사상자가 나왔고, 미국에선 때아닌 폭설로 '5월의 크리스마스'를 연출했다. 우리나라 또한 2015년에 이어 '5월의 폭염현상'이 일어났다. 기상전문가들은 2016년이 역사상 가장 뜨거운 해가 될것으로 전망하고 있다.

한편 2015년 12월 파리에서 열린 제21차 UN 기후변화당사국총회에서 이루어진 '파리 기후협약'은 화석연료 시대의 종언을 알리고 있다. 전세계 196개국 정상과 장관들이 모여 기존의 교토협약이 사실상 종료되는 2020년 이후부터 지구온난화 방지를 위해 개별국가마다 탄소배출량을 줄여나가는 약속에 대한 합의를 이끌어낸 것이다.

과학문명이 발달하기 전 인류는 환경에 절대적으로 순응하며 살았다. 그러나 산업혁명 이후 환경을 인간의 의지와 능력에 따라 개발할 수 있는 자원으로 인식하게 되었다. 그 결과 자연에 대한 무차별적인 개발 행위가 자행되어 결국 오늘날 환경파괴라는 심각한 상황에 이른 것이다.

일반적으로 경제행위를 할 경우 불가피하게 환경오염을 수반하게 된다. 즉 재화를 생산하기 위해 공장을 가동하면 대기오염, 수질오염, 토양오염, 소음, 지반 침하, 악취 등을 유발하고, 도로를 달리는 수많은 자동차들은 매연과 가스를 배출한다. 이러한 환경오염은 결

뜨거운 지구를 살리자

국 생태계 질서를 파괴하여 인간의 삶을 위협하는 것이다.

요즘 국제사회에서 가장 심각하게 떠오른 환경 관련 이슈는 '지구온난화'다. 산업이 발달하면서 석유와 석탄 같은 화석연료를 많이 사용하고, 또 개발 과정에서 숲을 파괴함에 따라 온실효과의 영향이 커졌다.

지구온난화는 1972년 '로마클럽 보고서'에서 처음 공식적으로 지적됐다. 이후 1992년 6월, 브라질의 리우회의에서 지구온난화에 따른 이상기후 현상을 예방하기 위한 목적으로 '기후변화에 관한 국제연합 규약(UNFCCC)'이 채택되었다. 그러나 이 협약은 구속력이 없는 하나의 선언에 불과했다. 그러다 1997년 12월 교토에서 개최된 3차 당사국총회에서 2000년 이후 선진국의 온실가스 감축목표를 주요 내용으로 하는 '교토의정서(Kyoto Protocol)'가 채택되었다.

교토의정서는 온실가스 감축에 대한 법적 구속력이 있는 국제협약으로, 전세계 국가들이 지구온난화 방지를 위해 노력하겠다는 리우협약과 달리 온실가스 감축 목표 수준 및 설정 방식을 도입한 구체적인 국제협약이다. 그러나 세계 최대의 온실가스 배출국인 미국과 중국이 자국의 산업을 보호한다는 구실로 참여하지 않아 실효성은 그리 크지 않다. 더욱이 이 협약은 2020년이면 종료된다.

그래서 새로운 기후협약인 '파리 기후협약'이 2015년 말에 탄생하게 된 것이다. 이번 파리협약은 지난 교토협약과는 달리 미국 등 선진국뿐만 아니라 중국 등 개발도상국들까지 모두 참여함으로써 지구촌이 온실가스 줄이기에 동참하도록 되어 있다. 다시 말해 세계 모든 나라들이 하나뿐인 지구 살리기 운동에 적극 참여하는 계기가 마련된 것이다.

사실 나는 기상전문가도 환경전문가도 아닌 경제전문가이다. 그래서 대부분의 경제전문가들이 그러하듯 지구온난화나 기상이변의 문제에 대해서는 그다지 큰 관심을 가지지 않은 채 살아왔다. 지난 오랜 세월 동안 경제문제와 환경문제는 양립하기 어려운 상충관계(trade-off)에 있는 과제로 치부되어 왔다. 다시 말해 경제발전을 위해서는 환경오염이 불가피하다는 논리 속에 살아온 것이다.

그런데 산업화로 인한 환경오염의 폐해가 심각해지고 또한 보다 쾌적하고 행복한 삶을 추구하려는 인간의 욕구가 강해지면서, 이제 경제와 환경의 관계는 상호보완하고 협력하는 상생관계로 변했다. 이런 추세를 반영하듯 2015년 UN에서도 미래사회의 행동계획과 비전으로 '세계의 변화/지속가능개발을 위한 2030과제(Transforming our World/The 2030 Agenda for Sustainable Development)'를 채택했다.

더욱이 지금 우리가 당면한 지구온난화 문제를 해소하고 하나뿐인 지구를 살리는 방안은 결국 에너지를 어떻게 활용하느냐의 문제로 귀결된다. 이는 지구촌을 살리기 위해서는 기존의 경제운영 방식

뜨거운 지구를 살리자

을 바꿔나가야 한다는 의미이다. 그리고 경제문제는 환경문제와 결코 분리되어 존재할 수 없다는 뜻이기도 하다.

이후 나는 기상문제를 공부하는 한편 지구온난화 해결방안을 경제인의 시각에서 생각해 보았다. 그리고 이 과정에서 알게 된 지식들을 좀더 많은 사람들과 함께 나누고 싶어서 이 책을 쓰게 되었다. 책에 보다 현실감 있는 내용을 담기 위해 기상전문가들의 자료를 많이 참고하고 일부 원용했음을 밝혀둔다. 마지막으로 지구환경 보호를 위해 실생활에서 할 수 있는 것들을 우리 모두가 하나씩 실천해 나갔으면 하는 바람을 가져본다.

2016년 여름을 맞으며

Democratization
Business
Solution
?!
Develop
80%
Growth
SUCCESS
15%
100%
50%
75%
Team work

1부

기상이변의 징후들

기상이변 그리고 지구온난화란?

'기상이변_{氣象異變}'이란 일반적으로 평상시 기후의 수준을 크게 벗어난 기상현상을 뜻한다. 세계기상기구(WMO, World Meteorological Organization)에서는 정량적 통계분석 결과 월 평균기온이나 월 강수량이 30년에 1회 정도의 확률로 이상하게 발생하는 기상현상을 '이상기상'이라고 정의한다. 또 월 평균기온이 정규분포인 경우 평균값으로부터 편차가 표준편차의 2배 이상 차이가 날 때 '이상고온' 또는 '이상저온'이라 하고, 월 강수량이 과거 30년간의 어떤 값보다 많은 때를 '이상다우', 적을 때를 '이상과우'라고 한다.

'기후변화(climate change)'란 어떤 장소에서 매년 평균적으로 나타나던 기후가 태양 활동의 변화 · 해수면 온도 등 자연적 요인뿐만 아니라, 이산화탄소 방출 · 삼림 파괴 등 인위적인 요인에 의해 점차 변화하는 것을 말한다.

우리가 살고 있는 지구는 빙하기 이후 계속 따뜻해지고 있다. 이러한 온난화 현상은 산업화 과정에서 온실가스(GHGs, Greenhouse Gases)가 많이 배출되고 이산화탄소 농도가 높아진 결과이다. 산업화 시대 이전에는 280ppm에 불과했던 대기 중 이산화탄소 농도는 지난 100년 사이 빠르게 증가했다. 미국 해양대기청(NOAA, National Oceanic and Atmospheric Administration)에 따르면 2015년 3월, 인류가 대기 중 이산화탄소 농도를 관측한 이후 최초로 월 평균 400ppm을 넘어섰다고 한다.

이산화탄소는 대기 중에 오래 머무르는 성질이 있다. 또 대기에 열이 축적되면 다시 이산화탄소가 대기 중으로 배출되는 악순환의 고리 때문에 앞으로 매우 오랜 기간 동안 400ppm 이상을 유지할 것이다. 지금부터 10~20년 동안 이산화탄소 배출을 전면 중단해도 지구는 계속 더워진다는 얘기다.

지구의 평균기온은 18세기 말 산업혁명 시기에 비해 약 1℃ 정도 높아졌다. UN에서 2014년 발간한 제5차 기후변화에 관한 정부 간 협의체(IPCC, Intergovernmental Panel on Climate Change)' 보고서에 따르면 1880년~2012년 기간 동안 지구 표면의 온도가 약 1℃ 상승한 것으로 나타났다. 기상관측이 개시된 1880년 당시 지구 표면 온도는 13.8℃였다. 그런데 2015년 9월에는 14.95℃로 상승했다. 더욱이 갈수록 온도 상승 속도가 더 빨라지고 있으며, 특히 21세기 들어서는 극심해지고 있다. 그 결과 특단의 대책 없이 지금과 같은 지구 온실가스 배출량이 지속된다면, 2100년 지구의 평균온도는 지금보다 3.7℃가 더 상승하며 해수면은 무려 63cm가 더 높아질 것으로 예측하고 있다.

태양열은 지표면에 닿은 뒤 다시 우주로 빠져나간다. 그 열을 대기 중 수증기와 이산화탄소 같은 온실가스가 붙잡는다. 이것이 지구가 온도를 유지하는 원리다. 그런데 산업혁명기 이후 이러한 자연의 원리가 깨지고 날씨가 점차 따뜻해지고 있다. 이는 공장과 자동차 등에서 이산화탄소 등의 온실가스 배출이 늘어나면서 지구에 남아 있는 열이 너무 많아지고 있기 때문이다. 이것을 '온실효과'라고 한다.

지난 세월 온실가스는 지구가 지금의 평균온도를 유지하는 데 크게 기여했다. 만약 온실효과가 없었다면 지구의 평균기온이 지금보다 훨씬 내려가서 지구는 얼음으로 뒤덮이고 생명체가 살 수 없는 곳이 되었을지도 모른다. 적당한 온실효과는 지구의 온도를 적절하게 유지하여 생명체가 살 수 있는 환경으로 만들어준다.

하지만 온실효과가 너무 강해지는 것이 문제다. 전지구촌에 기상

지구의 대기에는 수많은 종류의 기체들이 떠다니고 있다. 이 기체들 가운데 온실효과를 일으키는 6대 온실기체는 이산화탄소(CO_2), 메탄(CH_4), 아산화질소(N_2O), 수소불화탄소($HFCs$), 과불화탄소($PFCs$), 육불화황(SF_6) 등이다.

이변이 속출하고 있고 여기저기서 피해가 발생하고 있다. 우리나라만 해도 폭염기간이 점점 길어지고 있고, 이로 인한 사망자가 발생하는 등 이상조짐이 이미 나타나고 있다. 대책을 마련하지 않는다면 상황은 더욱 나빠질 전망이다. 이에 따라 온실가스는 이제 인류의 미래를 어둡게 만드는 '공공의 적'이 됐다.

지구온난화란 대기 중의 온실가스 농도가 증가하는 온실효과가 발생하여 지구 표면의 온도가 점차 상승하는 현상을 말한다. 지구의 대기에는 수많은 종류의 기체들이 떠다니고 있다. 이 기체들 가운데 온실효과를 일으키는 6대 온실기체는 이산화탄소(CO_2), 메탄(CH_4), 아산화질소(N_2O), 수소불화탄소(HFCs), 과불화탄소(PFCs), 육불화황(SF_6) 등이다.

메탄은 늪이나 습지의 흙 속에서 유기물의 부패·발효로 인해 발생하는데 점화하면 푸른 불꽃을 내며 탄다. 고온에서 증기와 반응하면 일산화탄소와 수소가 발생하는데, 이때 발생하는 수소는 폭발물과 암모니아 비료를 만드는 데 쓰인다. 아산화질소는 외과수술에서 마취제로 주로 사용하는 기체로 장시간 흡입하면 사망하며, 식용 에어로졸의 분사제로도 사용된다.

수소불화탄소와 과불화탄소는 냉장고 및 에어컨의 냉매, 스프레이 분사체, 전자제품 세척제 등으로 다양하게 사용되며, '몬트리올 의정서'에 따라 사용이 규제된 프레온가스의 대체물질이다. 육불화황은 인체에는 무해하나 지구온난화를 유발하는 기체로, 높은 절연성으로 변압기, 절연 개폐 장치, 반도체 제품 제조 과정 등에 사용된다.

온실기체가 지구온난화에 미치는 영향을 지수로 나타낸 것이 '온난화지수'이며, 온난화지수가 높을수록 지구에 미치는 부정적인 영향이 크다. 온실기체별 온난화지수는 이산화탄소 1을 기준으로 메탄 21, 아산화질소 310, 수소불화탄소 140~11,700, 과불화탄소 6,500~9,200, 육불화황 23,900 등이다. 그런데 세계기상기구와 국제연합

환경계획(UNEP, United Nations Environment Programme), 교토의정서 (Kyoto Protocol) 등 국제기상단체들은 이산화탄소가 온난화의 주범이라고 공식적으로 선언했다.

이처럼 온실기체 가운데 온난화지수가 가장 낮은 이산화탄소가 지구온난화의 주범으로 지목되는 이유는 무엇일까? 이는 이산화탄소의 경우 다른 온실기체보다 양이 월등히 많고, 산업화와 더불어 대기 중 농도가 급속히 증가하고 있기 때문이다.

UN의 제5차 '기후변화에 관한 정부 간 협의체(IPCC)' 보고서에 따르면 2010년 기준 전체 온실기체 배출량의 76%를 이산화탄소가 차지하고 있다. 다음으로 메탄이 16%, 아산화질소가 약 6%를 차지했으며 나머지 기체들의 비중은 매우 미미한 편이다. 또 이 보고서는 특단의 대책이 없을 경우 이산화탄소 배출량이 2030년에는 2000년 대비 최고 110% 증가할 것이라고 전망했다. 이는 결국 이산화탄소가 온실가스에서 차지하는 비중이 더 늘어난다는 것을 의미한다.

이산화탄소의 농도 또한 빠르게 증가하고 있다. 전세계 이산화탄소의 농도는 산업화 이래 120ppm 증가했는데, 이 가운데 절반이 1980년대 이후 증가한 것으로 분석되고 있다. 국제에너지기구(IEA, International Energy Agency)와 기후변화를 연구하는 여러 예측기관들에 따르면 대기 중 이산화탄소 농도가 산업혁명 이전 280ppm에서 2005년 379ppm으로 증가했고, 2014년 397ppm, 2015년 3월에는

400ppm을 웃돌았다고 한다. 최근 10년 동안 매년 2ppm 정도 상승한 셈이다.

안타까운 점은 지구온난화 현상을 억제하기가 쉽지 않다는 것이다. 늘어나는 온실가스가 여러 피드백 작용을 거쳐 더 많은 온실가스를 배출시킴으로써 지구온난화를 가속화하고 있다. 그리고 온실가스 배출을 줄인다고 하더라도 지금 당장 효과가 나타나지도 않는다. 더욱이 어느 한 국가가 온실가스 감축에 나서더라도 다른 나라가 더 많은 온실가스를 배출하면 아무런 효과가 없다. 전세계 모든 국가가 함께 온실가스 감축에 나서야 하는 이유다.

만일 인류가 더워지는 지구를 그대로 방치한다면 생태계와 인류 환경이 크게 위협받게 될 것이다. UN 기후변화에 관한 정부 간 협의체(IPCC) 보고서에 따르면, 현 상황에서 지구의 기온이 1.6℃ 상승하면 생물의 18%가 멸종위기에 놓이고, 2.2℃ 상승하면 24%, 2.9℃ 높아지면 35%의 생물종(種)이 위험한 상황에 놓이게 된다고 한다.

또한 독일의 기후변화 연구기관인 포츠담연구소는 2005년 2월 '온난화 재앙 시간표'라는 흥미로운 자료를 발표한 바 있다. 이 자료에 따르면, 지구의 평균기온이 1℃만 상승해도 생태계는 위협을 받으며, 2℃ 상승하면 일부 생물종은 멸종하게 된다. 만약 3℃ 상승할 경우 지구에 사는 생명체 대부분은 심각한 멸종 위기에 놓인다는 것이다.

┌─ ※ **지구온난화에 따라 예상되는 피해** (자료 : 포츠담연구소) ─

● **1℃ 상승(2030년경) 시**

- 오세아니아 토착 식물, 열대 고원의 숲과 남아프리카 건조 지대의 식물 등 특별한 환경의 생태계가 위협받기 시작함

• 일부 개발도상국 : 식량 생산 감소, 물 부족 문제 심각, 국내총생산 감소

● **2℃ 상승(2050년경) 시**

- 더 많은 사람이 기아에 허덕이고, 15억 명 이상이 물 부족에 직면하게 됨

• 열대 지역 : 산호초들이 하얗게 죽어가는 백화 현상이 잦아짐

• 지중해 지역 : 잦은 산불, 극심한 병충해

• 미국 : 송어나 연어 멸종위기

• 남아메리카 : 8,000종 이상의 토종 꽃이 자라는 핀보스 지역의 꽃 종수 감소

• 중국 : 숲 면적 감소

• 북극 : 빙하가 많이 녹아 북극곰 생존 위협

● **3℃ 상승(2070년경) 시**

- 식량 부족으로 굶주리는 사람들이 급속하게 늘고, 55억 명이 곡물 생산에 큰 손실을 입는 지역에 살게 되며, 30억 명 이상이 물 부족을

겪게 됨

- 열대 지역 : 산호초 백화 현상이 광범위하게 퍼짐

- 유럽, 오세아니아 : 고산 지대 식물 멸종

- 남아프리카 건조 지대 : 식물과 핀보스 지역의 꽃들이 거의 멸종

- 아마존 열대우림 : 복원 불가

- 중국 : 숲이 심각하게 훼손됨

- 북극 : 빙하와 북극곰 멸종, 북극여우나 늑대도 먹이가 사라져 멸종
  위험

뜨거운 지구를 살리자

빙하와 만년설이 녹고 있다

산업혁명 이후 지구의 평균기온이 오르고 있다. 특히 북극권의 온도 상승은 다른 지역에 비해 더 빨라서 북극해의 얼음 면적이 계속 줄어들고 있다. 그 결과 지구촌 곳곳에서 기상이변이 속출하고 있다.

상황은 이미 심각한 수준이다. 2005년 미국 국립빙설자료센터(NSIDC, National Snow and Ice Data Center)는 지난 5년 동안 북극 빙하의 25%가 사라진 것으로 추정했다. 빙하는 지금도 계속 녹고 있어 향후 반세기 안에 빙하가 완전히 사라질 수 있다고 경고하기도 한다. 더욱이 이상난동을 보인 2015년을 거치면서 북극의 얼음이 녹아내리는 속도는 더욱 빨라지고 있다. 얼음이 덮인 면적이나 얼음 두께 모두 사상 최저치를 기록하면서 북극 빙하가 완전히 사라지는 시기가 훨씬 더 앞당겨질 가능성이 제기되고 있다. 이 빙하가 녹으면서 기상이변과 함께 지구촌의 생태계를 크게 위협하고 있다.

그 과정을 구체적으로 알아보자.

첫째, 빙하가 녹으면 태양빛 반사효과가 사라져 지구의 온도를 높이게 된다. 지구의 기온은 태양빛이 지구로 유입되거나 반사되는 양에 달렸다. 일반적으로 지구로 들어오는 태양에너지 중 70%는 흡수되고 30%는 다시 우주로 반사된다고 알려져 있다. 이때 태양에너지를 우주로 반사하는 구실을 하는 것이 빙하다. 빙하 넓이가 줄어들면 반사량도 줄어들고, 지구에 더 많은 태양에너지가 흡수돼 기온이 올라가는 것이다.

흰색을 띠는 빙하와 얼음의 태양빛 반사율은 매우 높다. 얼음과 눈으로 가득 찬 극지방의 반사율은 0.8 정도로 태양빛의 80%가량을 우주로 돌려보낸다. 그런데 지구온난화로 얼음이 녹아 바다로 흘러들어가면 반사율이 0.1도 채 안 되어 태양빛을 흡수해 지구온난화가 가속화된다. 얼음이 더 많이 녹을수록, 즉 바다가 더 넓어질수록 더 많은 태양에너지가 지구에 도달해 지구의 온도를 높이는 것이다. 이는 다시 더 많은 얼음을 녹이는 악순환에 빠지게 한다.

둘째, 극지방의 얼음이 녹으면 해류가 바뀌게 된다. 바닷물이 얼면

극지방의 얼음이 녹고, 그 결과 컨테이너 벨트의 원동력이 되는 짠물이 줄어든다면 해류 이동은 현저히 줄어든다. 상황이 악화돼 해류순환이 중단되면 더운 지역은 계속 더워지고 추운 지역은 계속 추워진다.

염분이 얼음 바깥으로 빠져나오는데, 짠물은 무거워 바다 아래로 가라앉는다. 지금까지 그린란드 등 극지방에서는 어마어마한 양의 바닷물이 해저로 가라앉고, 열대 지방의 따뜻한 물이 극지방으로 이동하는 과정이 계속됐다. 그 결과 지구 전역에 걸쳐 엄청난 양의 바닷물을 이동시키는 컨테이너 벨트가 만들어졌다.

극지방의 얼음이 녹고, 그 결과 컨테이너 벨트의 원동력이 되는 짠물이 줄어든다면 해류 이동은 현저히 줄어든다. 상황이 악화돼 해류순환이 중단되면 더운 지역은 계속 더워지고 추운 지역은 계속 추워진다. 더욱이 빙하가 녹아 해수면이 상승하면 작은 섬들이 바다 속으로 가라앉는다.

셋째, 극지방의 얼음이 녹기 시작하면 영구동토층이 대거 탄소를 뿜어낼 수도 있다. 영구동토층은 여름철은 물론 2년 이상 연속하여 연중 얼어 있는 토양층을 말한다. 이러한 조건을 충족하는 지역은 연평균 기온이 -5℃ 이하인 곳이다. 시베리아와 캐나다 허드슨 만 지역 그리고 알래스카 일대가 이 영구동토층에 해당한다.

온실가스와 관련해 영구동토층이 중요한 이유는 바다와 산림에 이어 가장 큰 탄소 저장고이기 때문이다. 영구동토층이 녹기 시작하면 오랜 세월 동안 얼어 있던 유기물이 분해되기 시작하면서 이산화탄소나 메탄이 배출된다. 북극 일부 지역에서는 이런 과정이 이미 진행 중이다. 영구동토층이 녹기 시작해 온실가스 배출이 늘어나면 지구온난화는 가속되고, 온난화는 또다시 영구동토층을 녹게 만드는 악순환으로 이어진다.

전세계 영구동토층에는 약 4,500억 톤에 달하는 탄소가 저장되어 있는 것으로 추정되고 있다. 국제에너지기구(IEA)가 작성한 자료에 따르면 2013년 기준 전세계 연료 연소에 의한 이산화탄소 총배출량은 322억 톤이었다. 이를 감안할 때 영구동토층에 저장된 탄소 규모는 실로 막대한 양이다.

지구온난화로 인해 남극 빙하가 녹을 경우 지구온난화에 미치는 영향은 북극 빙하보다 더 심각할 수 있다. 북극에 비해 얼음 면적이 훨씬 더 넓기 때문이다. 남극은 지구 육지 면적의 약 10%에 해당하는 1,400만km² 크기의 대륙이다. 대륙의 98%가 평균 두께 2,160m나 되는 얼음으로 덮여 있고, 가장 두꺼운 곳은 4,800m에 이른다. 이 얼음이 녹거나 어는 정도에 따라 해수면 높이가 달라진다. 만약 남극과 북극 지방의 얼음이 전부 녹는다면 해수면은 최고 60m까지 올라갈 것으로 추정되고 있다.

극지방의 빙하뿐만 아니라 에베레스트의 빙하도 녹아내리고 있다. 히말라야산맥 일대의 빙하가 지난 40년간 28%가 줄어든 것으로 조사된 가운데, 21세기 말이면 대부분 사라질 것이라는 충격적인 연구 결과가 주목받고 있다. 에베레스트의 빙하가 녹으면 눈사태를 비롯하여 홍수 등 자연재해가 발생할 수 있다. 또한 고산에서 떨어져 나온 거대한 유빙이 히말라야에서 발원한 하천을 따라 흘러내려와 댐을 가로막을 경우 하류 지역은 심각한 가뭄에 휩싸일 수 있다.

히말라야는 갠지스 강, 인더스 강을 비롯해 네팔·중국·인도·파키스탄 등으로 흘러가는 수많은 하천들의 발원지로, 이 하천들을 생활의 터전으로 살아가는 인구가 10억 명 이상이다. 빙하가 사라지면서 이들 하천의 물 공급이 감소할 경우 해당 지역의 농업과 생존에 큰 타격을 입히게 된다.

겨울의 알프스는 스키천국이다. 스키장에는 빛나는 태양 아래 은 빛 눈의 세계가 연출된다. 스키마을에 들어서는 순간 모든 것이 온통 하얀 눈으로 뒤덮인 환상의 겨울동화를 꿈꿀 수 있다. 스키 리프트를 타고 산 정상을 향해 올라가는 동안 눈 아래로 은백색의 굽이진 알 프스 봉우리의 대 파노라마가 펼쳐진다. 산 정상에 이르면 겨울철 도 시에서는 결코 경험할 수 없는 따사로운 햇살이 가득하다. 스키를 타 고 정상에서 미끄러져 내려올 때는 알프스와 내가 하나가 되어 가슴 이 뜨거워진다. 석양이 질 무렵이면 봉우리 사이사이에 붉은 황혼의 노을이 걸린다.

이 알프스 스키장이 한겨울임에도 이상기온으로 눈이 내리지 않아 스키 애호가는 물론이고 아름다운 설경을 기대했던 관광객들을 당혹 시키고 있다. 알프스 산 2,000m 이하 지역의 스키장에는 아예 눈이 없고, 3,000m 고도에서도 눈을 보기가 어렵다. 크리스마스 휴가철을 맞아 대목을 기대했던 스위스 스키장들은 인공 눈으로 한정된 슬로 프만 운영하거나, 아예 폐쇄했던 골프장 문을 다시 열기도 했다.

반대로 폭설과 한파가 몰아치는 지역도 나타나고 있다. 엘니뇨 현상으로 따뜻한 겨울을 보내던 지구촌에 2016년 초 갑자기 한파 가 몰아쳤다. 워싱턴과 뉴욕 등 미국 북동부 지역은 '스노마겟돈 (snowmageddon)' 현상으로 도시가 마비됐다. '눈(snow)'과 지구 종 말을 가져올 대재앙을 뜻하는 '아마겟돈(armageddon)'의 합성어인

뜨거운 지구를 살리자

스노마겟돈이 2012년에 이어 2016년 초에도 이 지역을 강타한 것이다. 온난화의 역설(逆說)이다. 북극 지방의 찬 공기가 제트기류(jet stream)를 뚫고 남하한 것이 이 한파의 원인인 것으로 밝혀졌다.

제트기류는 평소 1만m 상공에서 위도 60~90도의 극지방을 에워싸고 북극 한기(寒氣)를 동쪽으로 내몰아 남하하지 못하게 하는 역할을 한다. 그런데 최근 온난화로 극지방과 중위도 지방 사이의 기온차가 줄어들고 제트기류도 약해졌다. 이 틈을 타 갇혀 있던 북극지방의 한랭기류인 '폴라보텍스(polar vortex)'가 제트기류를 뚫고 남쪽으로 내려오면서 북반구 지역 곳곳에 이상한파를 초래한 것이다.

사막화 지대가 넓어지고 있다

세계 곳곳에서 사막화 현상이 나타나고 더욱 심화되고 있어 인류의 미래에 어두운 그림자를 던지고 있다.

사막화(砂漠化, desertification)란 사막의 자연적인 확대가 아니라 인간의 활동이나 기후변화로 인해 수목이 말라죽고 건조 · 반건조 · 반습윤 지역의 토지가 황폐화되는 것을 뜻한다. 오늘날 사막화 현상은 아프리카 사하라 사막 남부의 사헬 지역 같은 건조, 반(半)건조 지대에서 주로 나타난다. 세계 육지 면적의 약 절반 정도는 건조 혹은 반건조 지역에 해당하며, 이곳에 사는 사람들의 수가 지구 전체 인구의 약 1/3에 달한다.

뜨거운 지구를 살리자

'사막화'는 본래 강수량보다 증발량이 훨씬 많은 지역인 '사막'과는 다른 개념이다. 사막은 연간 강수량이 250mm이하로, 생명체가 살기 어려운 건조지역을 말한다. 지구상에서 1,500만km²를 넘는 광대한 면적을 차지하는 사막은 전 육지의 1/10 이상이나 되며, 광범위한 위도에 걸쳐 분포한다. 건조한 열대사막과 중위도사막의 경우에는 연평균 강수량 250mm의 등우량선(等雨量線)이 사막의 분포와 거의 일치한다. 이에 비해 캐나다와 시베리아 등 한랭사막은 너무 추워 식물이 자라지 못하는 곳으로, 연평균 강수량이 125mm 이하이다.

사막화 방지를 위해 국제적 노력을 기울이는 UN 사막화방지협약 자료에 따르면 해마다 전세계적으로 600만ha(=6만km²)의 광대한 토지가 사막화되고 있으며, 사막화 면적이 아프리카 12억 8,600만*ha*, 아시아 16억 7,200만ha, 라틴아메리카와 카리브해 지역 5억 1,300만ha로 파악하고 있다.

특히 사하라 사막 주변은 연평균 10km의 속도로 사막이 확장되고 있다고 한다. 그렇지 않아도 강수가 고르지 못한 이 지역에 갈수록 강수량이 감소하고 있다. 비가 적게 내린다는 것은 작물 재배와 가축 사육, 목재 확보 등이 어려워지고 생태 근간인 물이 부족해지고 있음을 의미한다.

이처럼 사막화가 빠르고 광범위하게 진행되고 있는 이유는 무엇일까? 이는 자연적 요인과 인위적 요인이 복합적으로 작용한 데 기인한다. 자연적 요인으로는 극심한 가뭄과 장기간에 걸친 건조화 현상이 있고, 인위적 요인으로는 과도한 경작 및 관개(灌漑), 산림벌채, 환경오염으로 인한 기후변화 등을 꼽을 수 있다.

무엇보다 가뭄이 사막화의 가장 큰 원인이 되고 있다. 계속된 가뭄으로 강수량이 현저하게 줄어들고 토양이 마르면서 사막화 현상이 심화되고 있다. 아라비아 사막이나 아프리카의 사하라 사막 같은 건조한 지역은 원래 비가 적은 지역이지만, 최근 지구온난화 현상으로 비가 거의 내리지 않고 뜨거운 뙤약볕만 내리쬐고 있다. 아프리카의 사헬 지역은 심한 가뭄이 계속되면서 생물이 살지 못하는 죽음의 땅으로 변해버렸다.

농경지를 만들고 가축을 기르기 위해 무리하게 숲을 없애고 개발한 것도 사막화가 발생한 원인이다. 농경지나 방목지를 늘리면 땅의 영양분과 물이 줄어들기 때문에 장기적으로 사막화의 원인이 되는 것이다. 또 열대우림 지역의 숲을 마구 개발하면서 브라질의 아마존 열대우림이 훼손되거나 사라지고 있다. 숲이 사라진 자리는 사막으로 변하고 만다.

그러면 이러한 사막화로 인한 폐해는 무엇일까? 무엇보다 생태계적으로 지역 생물종의 다양성이 사라지고 바람에 의한 토양침식이 확대된다. 또 사막화로 토양 내에 염류가 많아지기도 한다. 그 결과

사막화로 인한 폐해는 무엇일까? 무엇보다 생태계적으로 지역 생물종의 다양성이 사라지고 바람에 의한 토양침식이 확대된다. 또 이산화탄소의 양이 많아져 지구온난화를 초래한다.

땅이 황폐해져서 농작물 수확량이 줄어들어 식량난을 일으킨다. 사막화는 비단 건조 및 반건조 지역의 주민에게만 악영향을 미치는 것이 아니다. 식생이 파괴되면 큰 모래먼지가 쉽게 발생하고, 그것이 기류를 타고 주변의 인구밀집 지역에 들어가 나쁜 영향을 미치기도 한다. 봄이면 우리나라 하늘을 부옇게 뒤덮는 황사는 몽골과 중국 내륙이 사막화된 데 따른 현상이다.

사막화로 인해 숲이 점차 사라지면 지표면의 태양에너지 반사율이 증가하고, 이에 따라 지표면이 냉각되면서 온도가 낮아진다. 차가워진 지표면에는 건조한 하강기류가 형성되고 강우량이 감소하여 토양의 수분이 적어지므로 사막화는 더욱 빠른 속도로 진행된다. 이로써 지구는 점차 산소가 부족해져 야생동물은 멸종위기에 이르고, 물 부족 현상으로 작물 재배가 불가능해 극심한 식량난에 빠지고 만다.

또한 이산화탄소의 양이 많아져 지구온난화의 원인이 된다. 이 밖에도 사막화는 정치·사회·경제적 혼란을 야기할 수 있다. 특히 사헬 지역의 주민들은 대부분 가난하기 때문에 사막화로 인한 피해는 치명적이다. 더 이상 생계유지가 어려워진 이곳 주민들은 정든 고향을 떠나 낯선 지역을 떠도는 난민 신세로 전락할 수 있기 때문이다.

국제사회는 1970년 이후 사막화 현상을 억제하기 위해 다양한 노력을 전개해 나가고 있는 중이다. 유엔(UN)은 1994년 지속가능한 토지관리를 목적으로 하는 국제협약인 '유엔 사막화 방지 협약(UNCCD, United Nations Convention to Combat Desertification)'을 체결하여 195개 회원국을 보유하고 있다. 이는 기후변화협약(UNFCCC, United Nations Framework Convention on Climate Change), 생물다양성협약(UNCBD, United Nations Convention on Biological Diversity)과 더불어 유엔 3대 환경협약이다. 이 협약이 목표로 설정한 '토지황폐화 중립세계 달성'은 2015년 유엔총회에서 지속가능 발전목표 중 하나로 채택된 바 있다.

세계 각국의 정부와 기업들도 사막화가 진행 중인 지역의 주민을 구호하는 활동과 더불어 사막화 지역에 나무를 심는 활동을 펼치는 등 사막화 방지를 위해 애쓰고 있다. 사막화가 가장 심각한 상태에 있는 사하라 사막 남쪽 끝에 있는 사헬 지역에서 민간기업이 주체가 되어 진행되고 있는 '사헬 그린벨트 계획'이나, 이집트 건조 지대에서 시도하는 '녹색지구 계획(Green Earth Project)' 등은 대표적인 사례이다. 우리나라도 몽골과 중국 내륙지방의 사막화 방지를 위한 나무 심기 사업 등 여러 형태로 참여하고 있다.

중국도 사막화 방지를 위한 노력을 특별히 강화해 나가고 있는 나라 중 하나이다. 중국에서 사막화한 토지와 황무지 면적이 2014년 말 기준 한반도의 20배에 상당하는 433만 2,800km²에 달한다고 전해지고 있다. 이는 전 국토의 45%에 달하며, 이로 인해 약 4억 명의 인구가 고통 받고 있는 것으로 알려졌다. 토지의 사막화와 건조화의 주범으로는 무질서한 개간과 방목, 수원지 개발 등이 꼽히고 있다. 사막화 또는 건조화한 토지는 중국 전역 31개 성-시-자치구 가운데 18곳에 있으며, 특히 내륙 깊숙이 위치한 신장 위구르 자치구, 네이멍구 자치구, 티베트 자치구와 간쑤(甘肅)성, 칭하이(青海)성은 매우 심각한 상황이다.

사태의 심각성을 인식한 중국정부는 노력 끝에 사막화 면적을 2009년 시점보다는 약 2만km²를 줄였다. 중국 간쑤성에서는 황하 물을 500m 이상 끌어올려 그 물로 나무를 키우고 있다. 또 모래바람이 일어나는 것을 막기 위해 풀과 나무를 심어 방풍림을 조성하고, 무려 200km가 넘는 관개 수로를 건설했다. 영하회족 자치구에서는 비행기를 이용하여 씨를 뿌리며 나무를 심고 있다. 또 중국 중앙정부에서는 나무 심기를 적극 독려하고 있는데, 비탈진 산기슭에 조성했던 농지를 산림으로 되돌릴 경우 나무 심을 비용과 생계비를 지원하고 있다. 그러나 여전히 상황이 별로 나아지지 않자 중국정부는 오는 2020년까지 사막화된 토지 10만km²를 복구한다는 목표를 추가로 설정했다.

한편 사막화 현상은 바다에서도 빠르게 진행되고 있다. 이는 연안의 암반 지역에 해조류가 사라지고 하얀 무절석회조류가 달라붙어 암반이 하얗게 변하는 현상으로, 이를 '백화현상(白化現象)'이라고도 한다. 이로 인해 바닷속 생태계가 파괴되고 바닷물의 자정능력이 크게 약화되고 있다. 그런데 육지의 삼림 파괴가 바다의 사막화를 초래하는 원인 중 하나라고 한다. 즉 삼림에서 형성되는 화학성분이 해조류의 생식에 필수요소인데, 최근 삼림 파괴로 공급원이 줄어들면서 해조류의 생육이 더뎌지고 있다는 것이다.

뜨거운 지구를 살리자

홍수와 가뭄이 잦고 태풍이 독해진다

비는 사람과 동식물이 건강하게
살아가는 데 반드시 필요한 요소이다. 그런데 이 비는 지구의 기후변
화에 따라 급격히 늘어나기도 하고 줄어들기도 한다.

비가 많이 와서 강이나 개천의 물이 불어나 주변 지역에 피해를
입히는 재해를 홍수라고 한다. 홍수가 발생하면 농작물, 토지, 가옥
및 가축 등이 물에 잠기거나 떠내려가서 많은 피해를 준다. 대체로
홍수는 짧은 시간에 비가 많이 내리거나 긴 시간 동안 지속적으로
비가 내릴 때 발생한다. 하지만 해안의 낮은 지대에서는 비가 내리지
않아도 먼 지역의 태풍이나 지진, 해일에 의해서 홍수가 발생한다.

반대로 비가 적게 내려 일어나는 물 부족 사태를 가뭄이라고 한다.
최근 기후변화로 인한 강수량과 강수 유형의 변화는 홍수와 가뭄 같

은 극한 상황의 재해 발생 가능성을 증대시키고 있다.

홍수는 주로 장마전선, 태풍 등의 영향으로 비가 많이 내리는 여름에 발생한다. 그러나 최근에는 홍수가 일어나는 시기가 계절에 상관없이 불규칙적일 뿐만 아니라 그 규모 또한 매우 커지고 있다. 인도네시아나 방글라데시처럼 평상시 비가 많이 내리는 지역에서는 홍수가 종종 일어나 생명을 앗아가고 재산상 큰 손해를 입히기도 한다. 하지만 더 큰 문제는 비가 잘 내리지 않던 지역에 갑자기 많은 비가 쏟아져 내리는 것이다. 이럴 때는 사람이나 동물이 미처 대피하지 못해 더 큰 피해가 생긴다. 2011년 7월부터 거의 넉 달 동안 계속된 태국 대홍수 사태가 그 사례이다. 당시 7월에 시작된 열대성 폭우가 태국 북부와 북동부에 엄청난 양의 비를 뿌리면서 태국의 수도 방콕을 물바다로 만들었다.

2015년 12월 남미 지역에는 수십 년 만에 최악의 홍수가 찾아와 십수만 명이 대피한 것으로 알려졌다. 우루과이 강은 100년 만에 가장 높은 수위를 기록했다. 수 주일 동안 비가 내린 파라과이에서는 홍수로 인명피해가 속출했다. 파라과이 강이 범람하는 바람에 수도 아순시온 일부 지역에는 전기 공급이 끊겼다. 이윽고 파라과이 강의 본류라 할 수 있는 파라나 강도 위험수위를 넘기자 국가비상사태까지 선포됐다. 인근 아르헨티나에서도 우루과이 강의 범람으로 거주민 1만여 명이 피신했다.

같은 시기에 미국 곳곳에서도 홍수사태가 발생했다. 성탄절 연휴 직전부터 평균 254mm의 비가 내리면서 강물이 넘치고 둑이 무너지는 바람에 미주리 주는 1993년 이래 22년 만에 대홍수에 직면했다. 14개 이상의 '토네이도(tornado)'가 발생한 미시시피 주에는 재난사태가 선포됐다. 미시시피를 포함한 인근 지역에서 고속도로 폐쇄, 학사 일정 취소, 항공 대란이 이어졌다. 텍사스 주 댈러스에서도 중심 시속 300km의 광풍을 동반한 토네이도가 덮쳐 인명 피해가 발생하고 재산상 큰 손실을 입었다. 특히 댈러스는 기온마저 급등락하면서 변덕을 보였다. 즉 크리스마스 다음날인 26일 낮 기온이 28℃를 기록했다가 그 바로 다음날에는 20℃ 이상 뚝 떨어진 5℃를 기록했다가 28일 오전엔 영하 1℃까지 급격히 하락하였다.

홍수 피해를 억제하기 위해서는 여러 가지 대책이 요구된다. 첫째, 기상자료를 신속하고 정확하게 검토·분석하여 홍수의 규모 및 발생 시간을 예보함으로써 홍수 피해를 최소화한다. 둘째, 하천 상류의 산림을 보호·육성한다. 산림은 수원(水原)을 함양하여 홍수량을 감소시키며 토사(土砂) 유출도 방지하는 역할을 하기 때문이다. 셋째, 하천의 중·상류에 다목적댐을 건설하여 홍수를 조절한다. 이렇게 하면 하류의 홍수량을 줄일 수 있다. 또한 하류의 주요 지역을 보호하기 위해서는 물길이 잘 흐를 수 있도록 하천 개수(改修) 작업을 해

기후변화와 온난화 등에서 비롯된 강수량 부족 사태는 지구촌 곳곳에서 이미 발생한 가뭄을 더욱 악화시킬 것이라고 내다봤다.

야 한다.

이처럼 비가 많이 내리는 것도 문제이지만 요즘은 비가 적게 내리는 가뭄현상이 더 일반화되고 있다. 가뭄이란 장기간에 걸쳐 강수량이 적고, 햇볕이 계속 내리쬐어 물의 순환을 중심으로 하는 물의 균

뜨거운 지구를 살리자

형이 깨져서 물이 부족한 현상을 말한다. 예전에는 가뭄의 강도를 비가 계속 오지 않는 날의 길고 짧음으로 판정했으나, 최근에는 물 부족량의 정도와 지속 기간 및 가뭄의 영향을 받고 있는 지역의 넓이 등에 따라 판정한다. 물 부족은 공업용수의 부족과 연결되어 생산량을 떨어뜨릴 뿐만 아니라 농작물 피해, 하천수 감소, 지하수 및 토양 수분을 고갈시킨다.

미국 뉴욕에 있는 컬럼비아대학의 지구연구소(The Earth Institute)는 온실가스 배출로 인한 지구온난화 탓에 지하수 공급량보다 증발량이 더욱 빠른 속도로 늘어나고 있다고 지적했다. 또 기후변화와 온난화 등에서 비롯된 강수량 부족 사태는 지구촌 곳곳에서 이미 발생한 가뭄을 더욱 악화시킬 것이라고 내다봤다. 그러면서 이러한 추세라면 곳곳에서 진행되는 가뭄 사태가 15~20% 정도 더 악화된다고 추정했다. 특히 캘리포니아 주 일부 지역에서는 가뭄 악화 정도가 27%에 이를 것으로 분석했다.

일시적인 가뭄도 문제지만 주로 열대·아열대의 반건조지역 주변지대에서 나타나는 지속적이고 강한 가뭄, 즉 기상학적 가뭄은 인류 생존에 커다란 위협이 된다. 1960년대 말부터 시작해서 1970년대 초까지 계속된 아프리카 사헬 지역의 가뭄은 특히 유명하다. 지금도 이지역은 계속되는 가뭄으로 사막화가 진전되고 수많은 사람들이 굶어 죽어가고 있다.

우리나라의 가뭄 현상도 갈수록 심화되고 있다. 특히 우리나라는 강수의 계절적 변동이 심해 강수량이 적은 계절에는 심각한 물 부족을 겪기도 한다. 2015년 우리나라의 강수량은 평년의 72%에 불과한 948.2mm로, 21년 만에 비와 눈이 가장 적게 내렸다. 역대 기록으로 살펴봐도 기상관측이 시작된 1973년 이후 세 번째로 적은 강수량이다.

태풍도 점점 강해지고 있다. 태풍은 한순간에 모든 것을 날려버릴 만큼 무시무시한 힘을 가지고 있다. 크기도 엄청나게 커서 우리나라 넓이보다 큰 태풍도 있다. 태풍의 고향은 따뜻한 열대의 바다이다. 뜨거운 태양이 내리쬐는 열대의 바다가 보통 27℃를 넘어서면서 점점 뜨거워지면 주변 공기도 더워진다. 더운 공기는 주변의 공기를 빨아들이면서 빠른 속도로 하늘로 올라간다. 이렇게 빈자리가 생기면 주변의 차가운 공기가 들어와 메우게 되는데, 이 공기도 더워져 또 하늘로 올라간다. 이러한 과정을 반복하면 하늘에 거대한 구름 덩어리가 생기고 소용돌이치면서 높이가 수십 킬로미터 되는 태풍으로 자라나는 것이다.

이 태풍은 발생하는 장소에 따라서 이름이 다르다. 북태평양 서부에서 발생하는 것은 태풍(typhoon), 북대서양과 카리브 해 · 멕시코 만 · 북태평양 동부 등에서 발생하는 것은 허리케인(hurricane),

뜨거운 지구를 살리자

인도양과 아라비아 해·벵골 만 등에서 발생하는 것은 사이클론(cyclone), 오스트레일리아 북동부 해상에서 발생하는 것은 윌리윌리(willy-willy), 또 미국의 중부 내륙지방에서 발생하는 폭풍을 토네이도(tornado)라고 한다.

발생 장소에 따른 이름 말고 개개의 태풍에 붙는 이름이 있다. 태풍이 며칠 동안 지속되기도 하고 같은 지역에서 하나 이상의 태풍이 동시에 발생할 수 있기 때문에 태풍 예보를 혼동하지 않기 위해 태풍에 이름을 붙였다. 제2차 세계대전 이후 미 공군과 해군에서 공식적으로 태풍에 여성 이름을 붙이기 시작했는데, 이러한 전통에 따라 1978년까지는 태풍 이름이 여성이었다. 그러나 이후부터는 남자와 여자 이름을 번갈아 사용하고 있다.

1999년까지 태풍 번호의 부여는 일본 지역특별기상센터(RSMC, Regional Specialized Meteorological Centre)에서, 태풍 이름의 부여는 미국 합동태풍경보센터(JTWC, Joint Typhoon Warning Center)에서 시행해 왔다. 그러나 2000년 1월 1일부터는 태풍 이름을 서양식에서 아시아 지역 14개국의 고유 이름으로 변경해 140개의 새로운 태풍 이름을 사용하고 있다. 이는 아시아 각국 국민들에게 태풍에 대한 관심을 높이고 태풍 경계를 강화하기 위해서이다. 140개 태풍의 이름은 14개 회원국에서 각 10개씩 제출한 것으로 1개조에 28개씩 5개조로 구성되었다. 태풍 이름 중에는 지나치게 큰 피해를 입힌 경우 다른 것으로 교체되기도 한다.

그런데 최근 지구온난화의 영향으로 바닷물의 온도가 높아져 뜨거운 바다가 늘어나면서 태풍의 위력도 점점 커지고 있다. 높이가 수백 킬로미터나 되는 태풍이 생겨나고 있는 것이다. 특히 2002년 8월 우리나라 동해안에 하루 만에 870mm의 폭우를 쏟아 부었던 '루사', 2005년 9월 미국 뉴올리언스를 강타한 '카트리나', 2013년 11월 필리핀 중부 지방을 강타한 '하이옌' 등은 지구의 기후변화로 더욱 강력하게 발달한 태풍들이다.

뜨거운 지구를 살리자

황사가 몰아치고 산성비가 내린다

해마다 1월에서 5월 사이에 어김없이 우리나라에 찾아오는 불청객이 있으니 다름 아닌 바로 황사다. 황사 (黃砂)는 문자 그대로 누런 모래로, 중국 내몽골의 고비 사막이나 타클라마칸 사막에서 주로 발원한다. 황사는 봄철 편서풍을 타고 중국의 공업지대를 지나며 한반도로 이동해 우리를 괴롭힌다.

황사 현상이 자주 일어나는 건 중국과 몽골의 사막화가 매우 빠른 속도로 진행되고 있기 때문이다. 지구온난화 영향으로 사막화가 가속되고 있는 중국과 몽골의 반(半)건조지역은 기후의 영향을 민감하게 받는다. 이에 겨울철 가뭄이 심한 경우 지표가 매우 건조해져서 봄이 되면 대기 중에 황사가 떠다니고 강한 바람에 실려 한반도와 일본에까지 날아오는 것이다. 심지어 미국의 로스앤젤레스까지 먼지가 날아간다고 한다. 황사 문제를 해결하기 위해 우리나라와 일본은 중국과 몽골 사막에 나무를 심는 사업에 참여하고 있다.

황사에는 납과 카드뮴 등 해로운 중금속 성분이 섞여 있다. 황사가 일어날 때 부는 강한 바람은 피부의 수분을 빼앗아간다. 또 흙먼지가 피부에 달라붙으면 알레르기 반응을 일으킬 수 있다. 이뿐만 아니라 흙먼지는 알레르기 비염, 천식과 폐질환 등의 병을 일으키고, 눈이 충혈되며 안과 질환을 유발한다. 따라서 황사가 있는 날에는 외출을 삼가는 것이 좋다. 외출을 해야 할 경우에는 황사 전용 마스크와 눈 보호 안경을 쓰고, 긴소매 옷을 입어야 한다. 외출 전에는 로션을 발라 황사가 피부에 직접 들러붙지 않게 하고, 집에 돌아온 뒤에는 꼭 온몸을 깨끗하게 씻어야 한다.

요즘은 황사보다 '미세먼지(Particrlate Matter)'가 더 문제시되고 있다. 왜냐하면 황사는 주로 봄에 발생하지만 미세먼지는 계절에 상관없이 사계절 내내 우리를 괴롭힌다. 미세먼지가 인류 건강에 심각한 위해가 된다는 점이 알려진 것은 최근의 일이다. 세계보건기구는 2013년 10월 미세먼지를 1급 발암물질로 규정한 바 있다. 미세먼지는 그야말로 가는 입자다. 입경 $10\mu m$ 이하의 작은 입자를 미세먼지, 그중에서도 $2.5\mu m$ 이하의 더 작은 알갱이를 초미세먼지라고 부른다. 인체 외부에서 들어오는 이물질은 코털이나 기관지에서 걸러지지만,

요즘은 황사보다 '미세먼지'가 더 문제시되고 있다. 왜냐하면 황사는 주로 봄에 발생하지만 미세먼지는 계절에 상관없이 사계절 내내 우리를 괴롭힌다. 미세먼지가 인류 건강에 심각한 위해가 된다는 점이 알려진 것은 최근의 일이다.

미세먼지는 크기가 작다 보니 호흡기를 그대로 통과해 체내에 침착된다.

　미세먼지에 대한 우려가 커지자 황사의 경우처럼 중국을 주범으로 몰고 있는데, 사실 중국만을 탓할 수 없다. 아황산가스·질소산화물 같은 미세먼지에 포함된 대기오염 물질은 주로 자동차나 공장 등에서 화석연료를 태운 결과 발생하는 것이다. 지금까지의 연구에 따르면 국내 미세먼지 중 중국에서 비롯된 것은 30~40% 정도다. 중국의 오염이 우리나라 대기에 영향을 미치는 것은 사실이지만, 우리나라의 오염원이 훨씬 큰 비중을 차지하는 셈이다. 최근 환경부가 경유차에서 내뿜는 질소산화물이 미세먼지 발생의 주원인이라는 판단 아래 경유차 규제 움직임을 보인 것도 이런 까닭이다.

우리가 어린 시절, 비가 오면 낭만에 젖어 비를 맞으며 걷기도 하고 심지어는 빗물을 식수로도 썼던 기억이 난다. 그러나 지금은 비나 눈을 먹거나 맞아서는 안 된다. 바로 산성비이기 때문이다. 산성비란 황산과 질산 같은 산성 물질에 오염된 비를 말하는데, 보통 비는 약한 산성을 띠지만 산성 물질에 오염되면 산성이 더욱 강해진다.

산성 물질은 자동차, 공장, 발전소 등에서 석탄이나 석유 같은 화석연료를 사용할 때 나오는 이산화황과 질소산화물이 공기 중 수증기에 녹아 만들어진다. 이러한 산성 물질이 빗물이 되어 땅으로 떨어지는 것이 바로 산성비다. 자연상태의 순수한 비는 대기 중 이산화탄소의 영향으로 산성도(pH값)가 5.6 정도를 띠며, 산성비는 산성도가 5.6보다 낮은 강수를 말한다. 산성도는 수소 이온 농도로 숫자가 작을수록 산성도가 증가한다. 모든 형태의 강우는 약산성이지만 인간 활동의 영향으로 산성도가 더욱 높아지며 심할 경우에는 산성도가 2.6 정도까지 측정된다.

산성비는 식물의 잎에 떨어져 광합성에 필요한 기공, 엽록소 등을 파괴하기 때문에 식물이 양분을 만들지 못해 잘 자라지 못하게 된다.

뜨거운 지구를 살리자

또한 산성비가 땅에 떨어지면 땅에 있는 아연, 납, 수은과 같은 중금속과 만나 토양과 물을 산성화한다. 산성비로 인해 토양이 산성화되면 식물이 잘 자라지 못하고, 물이 산성화되면 플랑크톤이 잘 자라지 못해 물고기를 비롯한 물속 생태계에도 나쁜 영향을 미친다. 산성비는 호수와 하천을 오염시키고, 이곳에 서식하는 물고기를 폐사시키며, 또 이 물고기를 잡아먹은 사람의 인체에도 악영향을 끼친다. 이뿐만 아니라 탑이나 동상, 건축물을 부식시키기도 한다.

산성비는 특히 사람들이 많이 사는 도시나 공장이 많은 지역에 자주 내린다. 그런데 이 산성비는 선진 공업국에서 더 문제가 되고 있다. 북미 지역에서는 1970년대에 접어들어 1950년대에 비해 강수의 산성도가 2~3배나 증가했다. 또 지난 20년 사이에 황화합물의 집적이 남부유럽에서는 50% 증가하고, 스칸디나비아에서는 100% 증가했다. 네덜란드와 스칸디나비아 반도의 남부, 미국의 북동부에서 캐나다에 걸치는 넓은 지역에서 pH 3~5의 산성비가 항상 관측되었다. 스웨덴의 9만 개의 호수 중에 1/4 정도가 산성화되었고, 노르웨이의 호수와 하천 가운데는 사실상 죽은 것이 많다고 하는데, 영국에서 날아오는 오염물질이 그 원인이라고 한다.

미국 동부의 호수들은 물고기가 살지 못할 정도로 산성화되었으며, 캐나다 또한 더 이상 송어나 연어들의 천국이 아니라고 한다. 이집트의 고대 유물들이 산성비의 피해로 부식이 진행되고 있고, 독일의 쾰른 성당 벽돌도 부식되었다고 한다. 세계 곳곳의 나무들이 말라죽거나 목재 산업도 감소하고 있는데, 독일의 검은 숲 지역과 북유럽과 캐나다의 산림지역 등이 대표적인 산성비 피해 숲 지역으로 꼽힌다.

날이 갈수록 비의 산성 정도가 강해지고, 산성비가 내리는 지역이 더 넓어지고 있다. 기류의 영향도 산성비의 지리적 범위 확장에 커다란 영향을 주고 있다. 이처럼 산성비는 무차별적이고 국경을 넘어 이동하면서 영향을 미치므로 전 지구적 문제가 되고 있다.

산성비가 내리지 않게 하려면 이산화황과 질소산화물의 배출을 줄여야 한다. 그러려면 우선 자동차 배기가스를 줄이려는 노력이 필요하다. 산업체에서도 굴뚝에서 나오는 이산화황과 질소산화물 같은 오염물질을 줄이는 방법을 찾아야 한다.

뜨거운 지구를 살리자

스모그에 뒤덮인 세계의 대도시들

〈파리는 안개에 젖어〉라는 로맨틱한 영화가 있다. 그러나 그것이 안개가 아니라 스모그였다면 어떠했을까? 아마 애정영화가 아닌 재난영화가 되었을 것이다.

'스모그(smog)'는 영어로 연기를 뜻하는 'smoke'와 안개를 뜻하는 'fog'의 합성어다. 원래는 연기와 안개가 섞인 것을 가리키는 말이었는데, 현대에 와서 대기오염 물질로 하늘이 뿌옇게 보이는 현상을 가리키는 말로 쓰이게 되었다. 보통 매연과 미세먼지, 안개가 합쳐져서 쉽게 흩어지지 않고 머무는 경우가 많은데, 이때 인체나 건물에 많은 피해를 입히는 것으로 알려져 있다. 이 용어는 18세기 유럽에서 산업발전과 인구증가로 석탄 소비량이 늘어났을 때 생겨났다.

이후 가솔린을 동력으로 하는 자동차가 급증하는 등 석유 사용량이 크게 늘어나면서 석유 연소에 따른 스모그가 새로운 환경문제로 등장했다.

스모그는 크게 '로스앤젤레스(Los Angeles)형' 스모그와 '런던(London)형' 스모그로 나뉜다. 런던형 스모그는 주로 공장 및 빌딩의 연소시설이나 일반 가정 난방시설 등에서 배출되는 아황산가스, 매연과 같이 직접 굴뚝에서 나오는 오염물질이 안개와 섞여 회색 안개로 나타난다. 특히 겨울철 밤과 새벽에 이 스모그가 심하다. 1872년 런던에서는 스모그로 인해 5일 만에 4,000여 명이 죽고, 이듬해 봄까지 1만 2,000여 명이 사망하는 이른바 '런던사건'이 일어났다. 이후 1956년 1월, 1957년 12월, 1962년 12월에도 런던에서는 대규모의 스모그가 발생했다.

이 전통적인 스모그와는 달리 광화학 스모그는 자동차 배기가스 같이 석유연료가 연소된 뒤 빛을 받아 화학반응을 일으키는 과정을 거치면서 은 황갈색 안개로 나타난다. 이러한 스모그는 1943년 미국 로스앤젤레스에서 처음 확인되었는데, 당시 스모그의 주범은 자동차 매연으로 밝혀졌다. 이에 따라 과거 스모그를 '런던형 스모그'라고 부르고, 광화학 스모그를 '로스앤젤레스형 스모그'라고 부른다.

중국에서는 2015년 12월, 사상 최악의 스모그가 발생했다. 허베

중국이 세계의 중심국가로 부상하면서 베이징은 외교관들이 선호하는 공관지역으로 부상했으나, 이제는 심각한 스모그로 인해 기피지역이 되었다.

이(河北)성 랑팡(廊坊) 363μg/m³, 허베이성 스자좡(石家莊) 376μg/m³, 톈진(天津) 305μg/m³ 등 수도권인 징진지(京津冀:베이징·톈진·허베이의 약칭) 대부분 지역에서 300μg/m³ 안팎의 심각한 오염 상황이 계속되었다. 수도권 외에도 허난(河南), 산둥(山東), 산시(陝西), 산시(山西), 쓰촨(四川) 분지, 랴오닝(遼寧) 등 동북부와 내륙지역 곳곳도 심각한 스모그로 뒤덮였다.

특히 수도 베이징에서는 스모그 최고 등급인 적색경보가 한 달 사이에 연이어 수차례나 울렸다. 이처럼 심각한 스모그는 급격한 산업화로 인한 공장 매연, 자동차 배기가스 등이 원인으로 작용하였다.

그리고 이 스모그는 농도가 높은 미세먼지를 품고 있어서 천식, 뇌출혈, 고혈압, 인후염, 기관지염 등과 같은 질병의 주요 원인이 되고 있다.

당시 베이징은 스모그로 인해 낮이 밤같이 어두워 앞이 제대로 보이지 않을 정도여서 일상생활조차 어려웠다. 더욱이 인체에 심각한 영향을 미치는 초미세먼지 농도는 543μg/m³까지 치솟았다. 이는 세계보건기구 기준치(24시간 평균 25μg/m³)의 20배가 넘는 수치이다.

이처럼 심각한 스모그 탓에 베이징 시민들의 삶에도 변화가 일어나고 있다고 한다. 먼저 민감한 임신부들이 도시를 떠나고 있다. 스모그 속에서 아이를 낳을 수 없다며 맑은 공기를 찾아 남쪽으로 내려가 지내는 것이다. 덕분에 신혼부부 기러기 아빠들이 늘고 있다. 아이를 키우는 부모들은 마스크를 씌우고도 불안해 여러 번 점검하고 난 뒤 밖으로 아이를 내보낸다.

일부 학교는 수천만 원을 들여 교실마다 공기청정기를 설치했다. 식당에서는 공기정화기를 설치하고 맑은 공기 값을 따로 받는 곳도 등장했다. 한 초등학교에서 아이들에게 풍경화를 그리라고 했더니 아이들이 하늘을 파란색이 아니라 회색으로 칠했다는 이야기도 들린다. 맑은 하늘이 얼마나 생소한 풍경인지 알 수 있는 부분이다. 한때 중국이 세계의 중심국가로 부상하면서 베이징은 외교관들이 선호하는 공관지역으로 부상했으나, 이제는 심각한 스모그로 인해 기피지역이 되었다.

스모그로 호황을 누리는 업계도 생겼다. 2015년 중국의 마스크 소비 총액은 650억 위안(약 11조 원)으로 전년 대비 62.5% 증가했고, 공기청정기는 320만 대 팔려 전년 대비 66.7% 증가했다. 캐나다 로키 산맥의 밴프 국립공원 공기를 담은 '청정공기 캔'은 생수보다 수십 배 비싸지만, 수요를 다 못 댈 정도로 주문이 폭주했다고 한다. 초미세먼지가 혈압상승을 일으킨다는 내용이 발표되자 혈압측정기 판매도 크게 늘어나고 있다. 관광업도 스모그 덕을 봤다. '스모그 탈출 패키지'라는 이색 여행상품이 개발되어 성업 중인데, 이는 스모그 피해가 적은 중국의 남부 도시나 동남아 국가를 목적지로 하는 여행상품이다.

최악의 스모그로 고통을 받고 있는 중국은 2016년 1월 1일부터 새로운 「대기오염방지법」을 시행하기로 했다. 이번에 개정·시행된 「대기오염방지법」은 역사상 가장 엄격한 법안으로 평가받을 만큼 조항 수도 많고 범위도 넓다. 이 법에 따르면 오염물 배출총량 허가 범위가 전국으로 확대 적용된다. 그리고 배출총량 상한을 넘기거나 환경보호 기준에 미달하는 지역에 대해서는 해당 지역이 추진하는 프로젝트에 대해 허가를 내주지 않거나 책임자를 소환 조사하기로 했다. 이러한 규제는 주요 도시지역별로 시행될 예정이다. 예를 들면 최근 스모그 현상이 가장 심각하게 발생했던 수도권 지역의 경우, 베이징은 자동차 배기가스 배출감소에 주력하며, 톈진과 허베이는 클린에너지 사용에 역점을 두고 있다.

대기오염의 주범인 석유와 석탄의 질량기준에 대한 규제도 강화했다. 중앙정부에서는 석유 품질기준을 높여 정유사들이 이 기준에 맞게 석유제품을 생산하도록 했고, 아울러 청정에너지 생산과 사용을 확대하도록 했다. 지방정부에 대해서는 중앙정부가 정한 기준에 이르지 못한 석탄 사용을 금지하도록 시달했다.

우리나라에도 스모그 현상이 심화되고 있다. 우리는 런던형과 로스앤젤레스형 두 가지 유형의 스모그가 모두 발생하고 있다. 그동안 겨울철과 봄철에는 주로 런던형 스모그가 발생하고, 여름철에는 로스앤젤레스형 스모그가 주로 발생했다. 그런데 요즘은 계절에 상관없이 수시로 두 가지 유형의 스모그가 복합적으로 발생하고 있다. 이는 우리나라 자체적인 요인에 주로 기인하고 있지만, 최근에는 중국에서 발생한 스모그가 바람을 타고 우리나라로 건너오는 경우가 더 빈번해지고 있기 때문이기도 하다.

최근 들어 잦아지고 있는 이 현상을 두고 흔히 '서울형 스모그'라고 부른다. 이는 중국발 스모그와 자동차 배기가스 같은 국내 오염물질이 혼합되어 있으며, 특히 미세먼지를 대량 포함하고 있다. 그래서 인체에 더욱 심각한 해를 끼치고 있다.

뜨거운 지구를 살리자

바닷물에 가라앉고 있는 작은 섬나라들

지구온난화는 바다도 변하게 만들었다. 극지방의 빙하가 녹아내려 바다로 흘러들어 가서 바닷물의 높이가 높아졌다.

2015년 12월 제21차 UN 기후변화당사국총회가 열린 파리 행사장에는 이색적인 이벤트가 열렸다. 몰디브·파푸아 뉴기니·투발루 등 작은 섬나라로 구성된 군소도서국연합(群小島嶼國家聯合, Alliance of Small Island States)이 자국이 '해수면 상승으로 수십 년 내 지도에서 사라질 위기'라고 소개하면서, 세계 각국 대표와 취재진을 향해 절박함을 호소한 것이다. 특히 콜리아 타라케 투발루 전 총리는 온실가스 배출과 그에 따른 지구온난화 문제를 "죽느냐 사느냐의 문제"라고 지적하기도 했다.

태평양의 투발루·마셜제도·나우루공화국·몰디브 등은 해수면
상승과 이상기후로 국토가 침수돼 향후 수십 년 안에 지도상에서 사
라질 대표적인 지구온난화 피해국이다. UN '기후변화에 관한 정부
간 협의체(IPCC)' 보고서에 따르면 지금과 같은 속도로 온실가스가
늘어나면 2100년에 가서는 평균 해수면의 높이가 63cm, 온실가스
억제정책이 상당히 실현돼도 47cm까지 오를 것으로 내다보고 있다.

이들 남태평양에 위치한 작은 섬나라들은 바다에 들어가도 발목
이 찰랑거릴 정도로 평균 해발고도가 몇 미터밖에는 안 된다. 지상
낙원이라는 말이 무색하지 않을 정도로 투명한 바다 등 천혜의 풍광
을 자랑하고 있다. 그러나 지금과 같은 속도로 지구온난화가 지속된
다면 수십 년 안에 바다에 가라앉을 수도 있는 '위기'의 나라들이기
도 하다.

2016년 초 미국 국립과학원(NAS, National Academy of Sciences)은
지구온난화로 해수면이 매년 약 2.74mm 높아져 기존 연구 결과보다
해수면 상승 폭이 상당히 크다는 보고서를 내놓았다. 이 보고서에 따
르면 해수면 상승의 주요 원인은 온난화에 따른 빙하 해빙과 수온이
높아지면서 바닷물의 부피가 커지는 열팽창 현상이다. 그런데 그동
안 해수면 상승 원인을 주로 빙하 해빙에 의한 것으로만 파악해 열

UN '기후변화에 관한 정부 간 협의체(IPCC)' 보고서에 따르면 지금과 같은 속도로 온실가스가 늘어나면 2100년 평균 해수면의 높이가 63㎝까지 오를 것으로 내다보고 있다.

팽창에 따른 해수면 상승효과는 과소평가했다는 지적이다. 더욱이 해수면 상승 속도는 날이 갈수록 더욱 빨라지고 있다는 게 전문가들의 공통된 지적이다.

　이렇게 바닷물의 높이가 점점 더 높아지면 높이가 낮은 육지는 바닷물에 잠길 수도 있다. 특히 나라 전체가 바다로 둘러싸인 섬나라는 이와 같은 현상이 현실로 나타나고 있다. 이들 나라에 온실가스 감축은 지구환경에 도움이 되는 '낭만적'인 문제가 아니다. 하면 좋은 것 정도의 '선택'의 문제도 아니다. 죽느냐 사느냐, 나라가 없어지느냐 지속되느냐 하는 그야말로 절박한 '생존'의 문제인 것이다.

활처럼 굽고 긴 하얀 모래사장, 영롱한 사파이어 빛 바다, 고요하게 철썩이는 파도 소리. 태평양 중서부의 산호섬 마셜제도 주민들에게는 이 아름다운 풍경들이 두려움의 대상으로 변하고 있다. 지구온난화로 바다 수위가 점차 높아져가고 주민들의 삶은 불안에 빠져들고 있다. 요즘 섬 주민들에게는 악몽 같은 나날이 이어지고 있다.

2014년 3월 새벽, 순식간에 집안으로 바닷물이 들어차 수많은 주민들을 죽음으로 내몰았다. 주민들은 "더 이상 파도는 자장가 소리가 아니다. 우리 모두 곧 휩쓸려갈 것이다. 또 섬 전체가 통째로 바닷속에 가라앉을 것이다."라고 말했다. 이미 일부 작은 섬 지역은 해수면 아래에 잠겼고, 마셜제도의 주민들은 '기후 난민'이 되어 살 곳을 찾아 떠나고 있다.

남태평양 피지에서 북쪽으로 약 1,000km 떨어진 곳에 인구 1만 명 정도의 투발루(Tuvalu)가 있다. 남태평양 한가운데 있는 투발루는 9개의 아름다운 산호섬으로 이루어져 있으며, 지상낙원이라 불릴 만큼 환상적인 풍경을 자랑한다. 그런데 이 섬들은 평균 해발고도가 3m 정도로 낮고 지형이 평평해 조금만 바닷물이 불어나도 섬이 물에 잠겨버린다. 실제로 9개 섬 중 2개 섬은 이미 가라앉았다. 이런 추세라면 나머지 섬들도 50년 뒤에는 완전히 가라앉을 위험에 처해 있다.

또한 투발루 주민들의 마실 물이 점점 없어진다는 것도 문제다. 주민들이 마시는 지하수에 바닷물이 섞이면서 소금기로 인해 짠물이 되었기 때문이다. 또 코코넛 나무와 농작물도 죽어가고 있어 이제 투발루는 더 이상 식물도 자랄 수 없는 죽음의 땅이 되어가고 있다. 이에 투발루 사람들은 어쩔 수 없이 바다에 잠겨가는 고향 땅을 뒤로 하고 주변국가인 호주와 뉴질랜드 등으로 이민을 추진하고 있는 실정이다. 지구온난화 때문에 일어난 비극이다.

많은 기상과학자들은 투발루에 이어 다음 희생양으로 몰디브 (Maldives)를 꼽고 있다. "지난 2004년 12월 26일 동남아시아를 강타한 지진해일(쓰나미)로 몰디브가 초토화되었다. 많은 사람의 생계를 책임지던 리조트가 폐허가 되었고, 학교와 병원 등의 기반시설이 파괴되었으며, 수도 말레는 대통령 집무실을 포함하여 시내의 2/3가 침수되었다. 게다가 55명이 사망하고 69명이 실종되는 등 인명 피해도 발생했다. 몰디브의 총인구가 28만 명임을 감안했을 때 이는 엄청난 재앙이다. 당시 몰디브는 통신이 끊긴 데다 침수된 섬에 살던 수천 명의 주민이 대피했으며, 며칠 후 실시 예정이던 총선도 연기된 실정이다." 이는 당시 몰디브를 강타한 지진해일에 대한 신문기사 내용이다.

'지구상에서 가장 아름다운 섬', '죽기 전에 반드시 가봐야 할 곳', '오염되지 않은 순수함을 간직한 베스트 허니문 여행지' … 이는 몰디브에 따라붙는 수식어들이다.

몰디브는 인도양 남쪽에 있는 섬나라다. 약 1,200개의 작은 산호섬으로 이뤄졌는데, 이 중 사람이 살고 있는 섬은 200여 개다. 주 수입원은 관광업으로 대부분의 섬에 리조트가 있는 인기 신혼여행지다. 조용하고 깨끗한 환경과 다양한 해양 생태계를 지녀 해마다 관광객이 늘고 있다. 그런데 지구온난화로 바닷물 높이가 높아지는 바람에 가장 높은 지점이 해발 2m에 불과한 이 섬은 점점 바닷물에 잠기고 있어, 2100년경에는 완전히 잠길 것이라는 예측이 나오고 있다. 아이러니컬하게도 이러한 몰디브 침몰 소식이 전해지자 오히려 더 각광받는 관광지로 떠오르고 있다.

사실 몰디브는 국토가 바닷속으로 사라질 날에 대비해 그동안 여러 가지 사전준비를 해왔다. 2008년 11월 11일 대통령에 취임한 모하메드 나시드는 지구온난화에 따른 해수면 상승으로 나라가 수몰 위기에 놓이자 새로운 국토를 사기 위한 재원마련 방안을 수립할 계획이라고 밝혔다. 이미 여러 나라와 접촉했으며 수용가능한 방안임을 확인했다고 밝혔다. 몰디브와 기후조건이 크게 다르지 않은 인도, 스리랑카가 최우선적으로 검토되고 있으며, 땅이 넓은 호주도 고려 대상에 포함돼 있다고 설명했다.

이와 함께 2009년 11월 17일, 몰디브에서는 해저(海底) 각료회의를 개최했다. 이는 지구온난화로 해수면이 상승하여 2100년경에는 몰디브가 물에 잠길 것이라는 비극적인 사실을 국제사회에 알리는

뜨거운 지구를 살리자

퍼포먼스였다. 그들은 며칠 전부터 잠수 훈련을 받고, 물속에서 산소통을 메고 서로 손짓을 주고받으며 회의를 했다. 이날 잠수복을 입은 채 바닷속에서 열린 각료회의에서는 '국제사회 이산화탄소 배출 삭감 촉구 결의안'을 의결했고, 대통령은 결의안에 방수펜으로 서명했다. 그리고 몰디브 대통령은 국제사회에 당부했다.

"몰디브는 현재 지구온난화 재앙의 최전선에 있다. 이것은 세계 전체의 문제다."

우리나라가 겪고 있는 기후변화 현상은?

지구온난화는 우리나라의 기후도

변화시키고 있다. 이상고온을 비롯해 폭설·집중호우·가뭄·한파 등 다양한 이상기후가 발생하고 있으며, 평균기온이 점점 높아지고 있다. 이러한 현상은 어느 날 갑자기 일어난 것이 아니다. 그동안 진행된 지구온난화와 함께 서서히 기온이 높아진 것이다. 이러한 상태가 계속된다면 우리나라는 온대기후가 아니라 아열대기후 지역이 될는지도 모른다.

봄과 가을이 짧아지는 대신 긴 여름과 겨울이 이어지고 있다. 특히 여름이 길어지고 있다. 더위가 점차 일찍 찾아들어 5월이면 여름으로 접어든다. 2015년 5월 평균기온은 18.6℃로 1973년 이래 가장 더웠다. 이에 사상 처음으로 5월 폭염특보가 발령됐으며, 이러한 5월 폭염은 2016년에도 이어졌다. 그동안 폭염특보는 6~9월에만 발동되었다. 5월에 서울의 기온이 30℃를 넘은 날이 1980년대에는 0.2일 정도였지만, 2010년대 들어서는 평균 1.7일로 늘었으며 특히 2015년부터는 4~6일이나 지속되었다.

폭염특보는 폭염주의보와 폭염경보로 나뉜다. 폭염주의보는 일 최고기온이 33℃ 이상인 상태가 2일 이상 지속될 것으로 예상될 때, 폭염경보는 일 최고기온이 35℃ 이상인 상태가 2일 이상 지속될 것으로 보일 때 발효된다.

우리나라는 여름철이 연 강수량의 50~60% 이상이 집중되는 장마 시기이다. 그러나 2014년에 이어 2015년에도 장마기간 동안 평년 대비 73%로 강수량이 적었다. 장마기간 전국 평균 강수량은 240mm로 평년의 356mm보다 적었다. 무더운 날씨가 이어지면서 빈번한 폭염과 열대야 현상이 발생했다. 2015년 전국 폭염 일수 및 열대야 일수는 각각 8.1일 4.7일로 평년보다 각각 2.7일, 2.0일 많았다.

가뭄피해도 이어지고 있다. 특히 최근 들어 겨울부터 봄까지 가뭄으로 인한 피해가 발생하고 있으며 그 피해 규모도 점차 커지고 있다. 2015년에는 심각한 가뭄으로 인해 우리나라 최대 다목적댐인 춘천 소양강댐의 수위가 1978년 이후 최저로 내려가기도 했다.

지구온난화는 우리나라의 기후도 변화시키고 있다. 평균기온이 점점 높아지고 있다. 이러한 현상은 어느 날 갑자기 일어난 것이 아니다. 그동안 진행된 지구온난화와 함께 서서히 기온이 높아진 것이다.

 태풍의 위력도 더욱 강해지고 있다. 1987년 셀마(최성기 시 중심기압 911hPa, 최대풍속 50m/s), 2002년 루사(최성기 시 중심기압 950hPa, 최대풍속 40m/s), 2003년 매미(최성기 시 중심기압 910hPa, 최대풍속 55m/s) 등은 엄청난 인명과 재산 피해를 입혔다. 특히 루사는 우리나라 기상관측 이래 유례없는 막대한 인명과 재산 피해를 끼쳤다. 루사의 최대세력은 한반도에 상륙한 최강태풍으로 꼽히는 매미와 셀마 수준에는 다소 미치지 못했다. 그러나 당시 평년보다 높았던 해수 온도 등이 태풍의 위력을 저지하지 못해 오랜 기간 동안 중심

뜨거운 지구를 살리자

기압 950hPa대의 강한 세력을 유지했기 때문에 피해규모가 더 컸던 것이다.

우리나라에서 '삼한사온'이 없어지고 있다. 사흘간 춥고 나흘간 따뜻하다는 삼한사온(三寒四溫)은 예로부터 우리나라 겨울철 날씨의 큰 특징이었다. 그런데 요즘은 달라지고 있다. 삼한사온 대신 이상난동과 이상한파가 뒤섞여 일어나고 있다. 간혹 강추위가 찾아오거나 폭설이 내리기도 하지만, 일반적으로 따뜻한 날이 많아져 한강에 얼음이 어는 날이 줄어들고 있다. 2015년 겨울 날씨는 유난히 변덕스러웠다. 오랜 기간 이상난동 현상이 이어지다가 해가 바뀐 2016년에는 갑자기 북반구 전역에 몰아친 이상한파, 일명 '폴라보텍스(polarvotex)' 현상이 우리나라에도 덮쳤다. 온난화로 북극이 따뜻해지면서 북극의 찬 공기를 가두던 제트기류가 약해져 우리나라 근처까지 북극의 찬 공기가 흘러와서 생긴 현상이었다.

황사와 미세먼지로 인한 피해도 갈수록 커지고 있다. 3~4월 한반도를 어김없이 찾아오는 '봄의 불청객' 황사는 중국 북부의 고비 사막, 타클라마칸 사막 및 황하 상류지대의 흙먼지가 강한 상승기류를 타고 3,000~5,000m 상공으로 올라가 초속 30m 정도의 편서풍을 타고 우리나라까지 날아오는 현상이다.

그런데 지구온난화로 우리나라에 황사가 오는 시기는 점차 빨라지고 있다. 지구가 점점 따뜻해지면서 황사가 발원하는 중국·몽골 사막 지역에도 눈이 녹고 건조한 상태가 빨리 찾아오기 때문이다. 더욱이 최근에는 시도 때도 없이 이 불청객들이 찾아들고 있으며 농도 또한 더욱 강해지고 있다. 황사에 중국발 스모그까지 더해지기 때문이다. 미세먼지는 황사에 비해 더 무서운 존재이다. 황사는 사막의 흙먼지가 제트기류를 타고 퍼지는 반면, 미세먼지는 대도시 공업 밀집지역 등에서 화석연료가 연소되는 과정에서 발생한다. 이처럼 최근 우리나라는 계절에 상관없이 중국의 사막화와 스모그로 인해 황사에 미세먼지까지 뒤섞인 부유물에 시달리고 있다.

지구온난화가 진행되면서 우리나라의 생태계에도 커다란 변화가 일어나고 있다. 대구·경북 지방에서 주로 재배되던 사과는 경기도 포천, 냉해에 약한 복숭아는 강원도 춘천, 보성 특산으로 유명한 녹차도 강원도 고성까지 재배선이 북상했다. 제주 특산물인 한라봉이 요즘은 충청북도 충주에서도 재배된다고 한다. 봄날에 꽃피는 시기가 빨라지고 단풍 시작 시기는 늦어지고 있다. 실제로 우리나라 개나리의 경우 10년에 2.4일씩 개화 시기가 빨라진 것으로 나타났다.

생태계가 변하는 현상은 강과 바다에서도 나타나고 있다. 2015년 여름에는 비가 적게 내려 강수량이 크게 감소한데다 일조량은 늘어 수온이 상승해 팔당호에 조류주의보가 내려졌다. 한강 하류의 녹조가 심각해져 물고기 수백 마리가 폐사하는 상황도 벌어졌다. 수도권의 식수원인 한강이 오염 위험에 놓였고 어민들은 생계수단을 잃었다. 이런 녹조 현상은 물 관리 능력이 부족한 것도 있지만 지구온난화로 인한 불규칙적인 가뭄과 홍수의 영향이 크다고도 할 수 있다.

지구온난화 영향으로 바다에서 잡히는 어류도 달라지고 있다. 동해에서는 과거 주요 어종이던 명태가 더 이상 잡히지 않고 대신 난류성 어종인 복어가 잡히고 있다. 그 이유는 동해의 수온이 상승하면서 차가운 바다에서 사는 명태는 살 곳을 잃고, 따뜻한 남쪽 바다에서 살던 복어는 수온이 상승한 동해로 살 곳을 옮겼기 때문이다. 이처럼 지구온난화로 인한 생태계 변화는 '사라지는 명태 현상'에 국한되지 않는다.

동해수산연구소에 따르면 동해안에는 한류성 플랑크톤이 주류를 이뤘으나, 최근 들어서는 남해안에서 주로 분포하는 화살벌레류의 플랑크톤 분포 빈도가 높아지고 있다. 이로 인해 동해의 대표적 한류 어종인 명태·대구·도루묵 등의 어획량은 감소하는 반면, 난류성 어종인 오징어 어획량은 크게 증가하고 있다고 한다.

Democratization
Business
Solution
?!
Develop
80%
SUCCESS
Growth
15%
100%
50%
75%
Team work

2부

기상이변의 원인과 폐해는?

자연적 기상이변의 원인,
엘니뇨와 라니냐

세계기상기구는 기후변화의 개념을
3가지로 나누었다. 장기간 기온이 상승하거나 하강하는 변화를 '장
기경향(trend)'이라고 하며, 지구온난화가 대표적으로 이에 속한다.
지금까지의 평균 상태와 다른 평균 상태가 지속되면 '불연속 변화
(discontinuity)'라고 한다. 장기경향과 불연속 변화를 제외한 규칙적
이거나 불규칙적인 상태가 반복되면 '변동성(variation)'이라고 하며,
엘니뇨와 라니냐가 이에 속한다.

이상기상이나 기후변화는 기후계를 구성하는 각각의 요소 변화
또는 이들 요소 간의 상호작용에 의해서 발생한다. 이 변화를 일으
키는 원인은 크게 자연적 원인과 인위적 원인으로 구분된다. 자연적

뜨거운 지구를 살리자

원인으로는 태양 활동의 변화, 화산 분출, 해면 온도나 빙설 분포, 편서풍 파동이나 대기 파동, 구름의 양이나 광학적 성질의 변화 등을 들 수 있다.

한편 인위적 원인으로는 사람의 활동으로 생기는 매우 다양한 요인들을 꼽을 수 있다. 18세기 말에 시작된 산업혁명기 이전의 기후변화는 주로 자연적 원인에 의해 이루어졌다. 그러나 산업혁명 이후의 기후변화는 대부분 인위적 원인, 특히 화석연료의 과다한 사용 때문에 발생하고 있다. UN도 지구온난화의 주범은 인간의 활동이라고 단언하고, 이에 대한 대응책을 마련해 나가야 한다고 주장하고 있다.

우선 기후변화의 자연적 원인부터 간략히 살펴보자. 기후변화를 일으키는 자연적 원인으로 가장 중요한 것은 바닷물의 변화를 들 수 있다. 바닷물은 대기 중의 열과 습기가 이동하는 데 영향을 주면서 전세계 기후변화에 큰 영향을 미친다. 엘니뇨와 라니냐 현상도 바닷물의 온도 변화 때문에 일어나고 있으며 무역풍과 관련이 있다. 무역풍은 적도 지역의 동쪽에서 서쪽으로 불며, 서태평양의 따뜻한 바닷물과 동태평양의 차가운 바닷물 분포를 유지하는 데 매우 중요한 역할을 한다.

다음으로 태양흑점 수 증감에 의한 태양 복사에너지 양의 변화도 중요한 기후변화의 요인이다. 실제로 유럽과 북미대륙의 경우 흑점이 많은 기간에는 온도가 높다. 지구 움직임의 변화도 역시 중요한 기후변화의 요인이다. 지구의 공전궤도는 10만 년을 주기로, 지구의 자전축은 4만 1,000년을 주기로 조금씩 바뀐다. 이에 따라 지구가 받는 태양의 복사에너지도 주기적으로 변하고 이러한 현상이 기후에 영향을 미친다. 이를 '밀란코비치 주기(Milankovitch cycles)'라고도 한다. 이는 유고의 천문학자 밀란코비치가 지구의 기후는 10만 년을 주기로 추운 빙하기와 더운 간빙기를 반복하고 있다는 이론을 발표한 데서 비롯되고 있다.

끝으로 화산 폭발에 의한 태양에너지 변화도 기후변화의 주요한 요인이 되고 있다. 화산이 폭발하면 화산재나 먼지 등 다양한 분출물이 성층권까지 상승하여 수개월에서 수년 동안 머물면서 태양빛을 흡수한다. 이로 인해 지표에 도달하는 태양빛이 감소되어 지구의 온도가 내려간다는 것이다. 실제로 1991년 필리핀 피나투보 화산 폭발로 인해 2년간 지구 전체 온도가 1℃ 이상 내려갔던 사례가 있다.

사람의 활동으로 생긴 기후변화의 원인으로는 화석연료를 지나치게 사용하면서 생긴 이산화탄소 증가, 도시화와 산업화로 인한 숲 파괴, 프레온가스 등에 의한 오존층 파괴 등이 있다. 오늘날에는 전기와 같은 인공적인 열에 의한 도시 기후의 변화도 문제가 되고 있다. 특히 이산화탄소 증가로 인해 발생한 지구온난화는 가장 핵심적인 지구촌 불안요인으로 부상하고 있다. UN '기후변화에 관한 정부 간 협의체(IPCC)'도 이러한 인위적 요인들이 사실상 지구온난화의 주범

뜨거운 지구를 살리자

엘니뇨(El Niño)란 적도 아래 동태평양 한류 해역의 해수면 온도가 평년보다 0.5℃ 이상 높은 상태가 5~6개월 이상 지속되는 현상을 의미한다. 엘니뇨 현상이 일어나면 전세계적으로 기상이변이 발생한다.

이라고 규정하고 있다.

엘니뇨(El Niño)란 스페인어로 '남자아이'를 뜻하는데, 적도 아래 동태평양 한류 해역의 해수면 온도가 평년보다 0.5℃ 이상 높은 상태가 5~6개월 이상 지속되는 현상을 의미한다. 특히 이 현상이 크리스마스 직후에 나타나는 경우가 많아 '아기 예수'라는 의미를 갖게 되었다.

남아메리카의 태평양 연안은 평상시에는 남동 무역풍과 해류의 수직적 순환으로 인해 해저 깊은 곳에서 바닷물이 솟아오르는 용승

(湧昇) 현상이 나타난다. 그러나 무역풍이 약해지면 용승 현상도 약해져 찬물이 올라오지 못해 표층 수온이 상승하는데, 이것이 엘니뇨 현상이다. 이 경우 동태평양에 있는 페루와 에콰도르 등 중남미 지역에는 폭우나 홍수가 발생하고, 반대쪽인 서태평양에 있는 호주와 동남아시아 일대에는 가뭄이 발생하는 등 전세계적으로 기상이변이 발생한다.

라니냐(La Niña)는 스페인어로 '여자아이'라는 뜻인데, 엘니뇨와는 반대로 같은 해역에서 해수면 온도가 평년보다 0.5℃ 이상 낮은 상태가 5~6개월 이상 지속되는 현상을 의미한다. 라니냐가 발생하면 평상시 차가운 동태평양의 해수 온도는 더욱 하강하게되고, 이는 동태평양과 북미 지역에 극심한 가뭄이나 잦은 한파를 일으킨다. 반대로 인도네시아 등의 서태평양 지역에는 폭우가 발생하는 등 엘니뇨와 마찬가지로 전지구적인 기상이변이 발생한다.

엘니뇨 현상은 전형적으로 3~4년 간격으로 일어나지만, 라니냐는 비주기적이고 예측이 불가능하다. 또한 엘니뇨와 라니냐는 각각 다른 현상이 아니라 서로 관련되어 연속적으로 일어난다. 현재 그 원인을 밝히려는 연구가 진행 중이다.

2015년 겨울은 기상이변으로 지구촌이 심각한 몸살을 앓았다. 파라과이, 아르헨티나, 브라질, 우루과이 등 남미 국가 곳곳에서 최근 수십 년 만에 최악의 홍수가 나면서 10명 이상이 숨지고 십수만 명이 넘는 주민이 대피했다. 미국에는 급격한 기온의 등락이 이어졌다. 미국 중남부지방의 경우 이상고온으로 크리스마스에 벚꽃이 피는 등 따뜻한 겨울이 이어졌다. 그러다 며칠 후에는 갑자기 강력한 토네이도가 몰아치면서 곧바로 맹추위가 들이닥쳤다. 또 고온에 시달리던 호주에서는 대형 산불이 발생했고, 동남아시아는 가뭄으로 곡물 생산에 차질을 빚을 것으로 예상된다. 에티오피아 등 아프리카에도 가뭄이 찾아들어 수백만 명이 식량 원조를 절실히 기다리는 상황에 처하게 되었다.

영국 기상청은 2015년 지구 온도가 1850년~1900년 평균치보다 1.02℃ 높다면서, 올해가 산업화 시대 대비 지구 온도가 1℃ 상승한 첫해가 될 것으로 전망했다. 또 오늘날 전세계 바다 위 대기에는 1970년대보다 습기가 4% 더 많은 것으로 추정했다.

기상이변 현상은 2016년으로 이어졌다. 인도 북서부에선 5월의 수은주가 인도 사상 최고인 51℃까지 올라갈 정도로 폭염이 일찍 찾아들었다. 6월의 중동지역에는 무려 54℃의 기록적인 더위가 이어졌다. 또 북미대륙에서는 때 아닌 폭설이 내리는가 하면 캐나다 로키산맥에서 거의 한 달 동안 통제가 불가능할 정도의 대형 산불이 지속되기도 했다.

이처럼 지구촌 곳곳에서 일어난 이번 기상이변의 가장 커다란 요인은 엘니뇨로 밝혀졌다. 남미의 바다는 2014년 여름부터 깊은 곳의 차가운 바닷물이 솟아오르지 않아 표층 수온이 계속 올라갔다. 이러한 상태가 2015년 겨울까지 1년 넘게 이어지면서 슈퍼엘니뇨로 발달해 수온이 평년보다 3℃ 이상 높아졌다. 그 결과 뜨거워진 바다에서 뿜어져 나온 엄청난 양의 수증기가 세계 곳곳에 기상이변을 일으킨 것이다.

프랑스의 기상학자 제롬 르쿠 박사는 2015년 출현한 엘니뇨는 1997년~1998년 슈퍼엘니뇨에 버금가는 강력한 것이라고 했다. 이 엘니뇨는 2015년 겨울 동안 절정에 달한 뒤 2016년 봄부터 약해지고 있다. 미국 해양대기청(NOAA)은 2016년 여름쯤 엘니뇨가 끝나고, 대신 동태평양은 차가워지고 서태평양의 수온이 오르는 라니냐가 나타날 것으로 예측했다. 이제껏 나타난 15차례의 엘니뇨 가운데 이듬해에 바로 라니냐로 연결된 사례는 11차례나 된다. 라니냐가 찾아들면 기존의 엘니뇨 때보다 더 심각한 기상이변이 초래될 수도 있다.

이처럼 엘니뇨와 라니냐가 교차하는 가운데 2016년은 역사상 가장 뜨거운 여름이 되었고 아울러 다양한 기상이변 현상들이 일어났다.

뜨거운 지구를 살리자

숲 훼손이 기상이변을 일으킨다

전세계 숲 면적은 2010년 기준 약 40억ha다. 1ha가 거의 축구장 두 개에 가까운 크기임을 감안 할 때 실로 엄청난 규모다. 문제는 숲이 줄어드는 속도가 무지하게 빠르다는 것이다. 지나친 벌목으로 인해 2000년~2012년 사이에 한반도 면적의 10배가 넘는 2억 3,000만ha의 숲이 사라졌다.

특히 지구의 허파이자 생태계의 보고(寶庫)인 열대우림 지역의 숲이 급속도로 파괴되고 있다. 서울 여의도 면적(840ha)의 38배에 해당되는 열대우림이 매일같이 없어지고 있는 것이다. 15억ha를 넘어섰던 열대우림 지역은 현재 절반도 안 되는 약 6억ha만이 남아 있는 것으로 추정된다. 이런 추세를 막지 못하면 향후 열대우림이 완전히 자취를 감출 가능성도 배제할 수 없다. UN의 '기후변화에 관한 정부 간 협의체(IPCC)'는 2014년 보고서를 통해 아마존 열대우림 지역의 훼손으로 이번 세기 안에 숲의 70%가량이 사라질 수 있다고 분석했다.

　열대림이란 적도 주변의 저지대에 발달한 삼림을 말한다. 열대림이 분포하는 지역은 아마존 강 유역, 콩고 분지 일대, 보르네오 섬 등지이다. 지구상에서 식생 밀도가 가장 높게 나타나는 열대림 지역에는 키가 무려 60m에 달하는 나무부터 둘레 길이가 30~40m에 달하는 아름드리나무까지 빽빽하게 들어차 있다. 열대림은 다양한 생물 종이 어우러져 살아가고 있는 곳일 뿐만 아니라 인간들의 삶터이기도 하다.

　열대림이 파괴되는 이유로는 인구증가와 그에 따른 경제개발의 필요성, 가축 방목·연료 채취·이동식 경작 등 전통적인 생활방식의 고수와 빈곤 등을 들 수 있다. 아마존 지역은 주로 목초지 조성과 소 사육, 농작물 재배를 위한 농경지 확보 등의 이유로 숲이 파괴되고 있다. 이 밖에 벌목을 위해 도로를 내거나 새로운 도시 조성, 광물 자원 채굴 과정에서도 열대림이 파괴된다.

　이렇게 열대림이 파손됨에 따라 여러 가지 폐해가 발생하고 있다. 우선, 원주민의 생활터전을 빼앗는 결과를 초래하고 있다는 점이다. 500여 년 전까지 아마존 열대우림에는 약 1,000만 명의 인디언이 살

열대림이 파괴되는 이유로는 인구증가와 그에 따른 경제개발의 필요성, 가축 방목 · 연료 채취 · 이동식 경작 등 전통적인 생활방식의 고수와 빈곤 등을 들 수 있다.

았다고 추정된다. 그런데 오늘날 그 숫자는 20만 명으로 줄어들었다. 이처럼 열대 부족이 사라지는 것은 그만큼 열대림이 파괴되었다는 뜻이기도 하다. 다음으로 인간의 생명과 관련되는 여러 가지 자원의 혜택을 잃는다는 점이다. 열대림은 수많은 희귀 야생동물의 서식처일 뿐만 아니라 질병을 치료하기 위한 의약품의 원료를 구하는 장소이기도 하다. 예를 들면 열대식물인 '빈카(Vinca)'에서 추출한 빈크리스틴(Vincristine)은 강력한 항암제로 평가받고 있으며, 이 물질이 개발되면서 백혈병에 걸린 아이들의 생존율이 크게 높아지고 있다.

그런데 열대림 파괴가 불러오는 무엇보다 심각한 문제는 지구촌에 기후변화를 일으켜 생태계를 위협한다는 점이다. 열대우림 지역은 크게 우기와 건기로 나뉘는데, 열대림은 우기 때 내린 빗물을 저장해 두었다가 건기 때 물을 흘려보내는 스펀지 기능을 한다. 열대림이 파괴되면 토양층이 강렬한 햇빛과 폭우에 노출되어 토양이 유실되고, 가뭄과 홍수 피해가 늘어나 이곳에 거주하는 사람들은 생활 터전을 잃을 수밖에 없다.

열대우림에서는 수많은 나무나 풀이 광합성을 하는 만큼 온실가스인 이산화탄소를 흡수하고 산소를 배출한다. 또 증산작용을 통해 수증기를 공기 중으로 배출함으로써 지구의 온도를 떨어뜨리는 역할을 한다. 미국 버지니아대학 연구팀은 지구온난화가 진행되는 가운데 열대우림이 완전히 없어질 경우 지구의 평균기온은 0.7℃ 추가로 더 상승할 것으로 전망했다.

더구나 산림 파괴는 2차 피해를 유발한다. 산림이 없는 땅은 비가 올 때 물이 땅속으로 침투되지 않아 지표면으로 물이 유출되며 갑자기 불어난 물로 인해 홍수, 산사태, 토석류 피해가 커질 가능성이 훨씬 높다. 이와 함께 기상이변으로 강력한 태풍과 함께 호우가 계속 내리면 큰 피해가 발생한다. 산림은 비를 30% 정도 차단할 뿐만 아니라 토양을 좋게 만들기 때문에 물 저장 공간이 많이 생긴다. 또한 장마가 와도 물을 원활히 땅속으로 침투시켜 일시에 지표로 물이 흘러가는 것을 방지하므로 홍수와 산사태 방지에 크게 기여한다.

그런데 숲이 파괴되면서 비의 양이 크게 줄어들고 있는 점은 더욱 우려할 사항이다. 열대지방에서는 매년 3,000mm가 넘게 비가 내려야 숲이 울창해진다. 그런데 숲이 파괴되어 비가 적게 내린다면 생물이 죽어 산림생태계의 다양성은 저하되고, 원주민들은 엄청난 환경 재난을 입을 것임은 필연적인 결과이다.

지구 최대의 산림지대는 열대림의 절반을 차지하고 있는 아마존 강 유역이다. 아마존 열대우림은 브라질과 볼리비아, 콜롬비아, 에콰도르, 페루, 수리남, 베네수엘라, 가이아나, 프랑스령 기아나 등 9개 국에 걸쳐 있다. 아마존 숲은 전세계 삼림에서 배출되는 산소량의 4분의 1에 달하는 산소를 배출하고 있어 '지구의 허파'로 불리고 있다. 그리고 아마존 강에서 바다로 유입되는 담수의 양은 바다로 유입되는 지구 전체 담수량의 약 20%에 달한다.

이 아마존 숲이 개발이라는 미명 아래 크게 훼손되고 있다. 브라질에서는 1960년대 아마존 개발을 시작한 후 지금까지 한반도 면적의 3배인 6,500만ha가 훼손되었다. 지진 해일인 쓰나미 피해를 막는 데 결정적 역할을 감당한 맹그로브 숲도 대서양 연안에 겨우 7%만 남았다고 한다. 브라질의 아마존 숲 파괴는 2003년~2004년 1만 700제곱마일(square mile, 1제곱마일=2,590m²)에 달해 그 정점을 찍었다.

이후 룰라 대통령이 집권한 2008년 이후부터는 2,000제곱마일 이하로 떨어졌다. 그러다 2014년에는 다시 숲 파괴 면적이 늘어나기 시작했다. 브라질 국립 우주연구소에 따르면 2014년 한 해 동안 아마존 숲 개발로 인한 파괴 면적은 서울 면적의 약 8.6배에 달하는 1만 9,700제곱마일, 약 5,200km²에 달하는 것으로 분석되었다.

아마존 외에도 세계 도처에서 산림이 파괴되고 있다. 필리핀 전역에서는 지난 50년 동안 맹그로브 숲의 66%가 사라졌다. 맹그로브 숲은 아열대·열대 해변이나 하구 습지에서 발달한다. 다양한 동식물이 살아 숨쉬는 곳이며 파도의 세기를 낮춰 쓰나미를 막아주는 역할도 한다. 맹그로브 숲이 사라진 자리에는 새우 양식장이 속속 들어섰다. 당장의 경제적 이익을 위해 필리핀은 생태계 파괴와 쓰나미 위험을 송두리째 감내해야만 할 처지애 놓여 있는 것이다.

인도네시아에서도 오일팜 농장을 만들기 위해 무차별적으로 숲을 파괴하고 있는 것으로 알려졌다. 인도네시아는 아시아 열대 숲의 40%에 해당하는 방대한 열대우림과 더불어 다양한 생물종이 있는 국가이지만, 동시에 산림파괴 1위 국가라는 불명예를 안고 있는 나라이기도 하다.

인도네시아가 이러한 불명예를 안은 이유는 목재생산을 위해 나무를 베어내거나 화전농사를 위해 숲을 태우는 등 무분별한 개발을 했기 때문이다. 더욱이 1997년 개간을 위해 산에 불을 놓으면서 발생한 산불은 200만ha의 삼림을 파괴했고 수백 명의 목숨까지 앗아갔다. 이 화재로 발생한 엄청난 양의 이산화탄소는 지구의 기온을 높이는 요인으로도 작용했다.

사라지는 숲 문제는 비단 남의 나라 일만은 아니다. 우리나라에서는 골프장 개발로 2009년~2012년 사이 훼손된 산림 면적이 총 5,702ha에 이른다. 18개 홀의 골프장 1개를 조성하면 약 100ha 정도의 숲이 사라지며, 나무는 10만 그루가 벌목된다고 한다. 북한의 산림 훼손도 심각한 수준이다. 북한의 산림 황폐율은 전체 산림 면적의 32%에 해당하는 284만ha 정도다. 북한에서는 매년 서울시 면적의 두 배에 달하는 산림이 사라지고 있는 것으로 전문가들은 보고 있다.

산업활동이 지구온난화의 주범이다

환경오염을 발생시키는 주요 요
인은 인간들의 활동이다. 과거에는 인간 활동으로 인해 발생되는
오염이 심하지 않아 지구의 자정능력만으로도 해결되었다. 그러나
산업혁명 이후 환경오염이 누적되었고, 1960년대 이후 더욱 심화되
어 지구의 자정능력 범위를 벗어나 버렸다.

18세기 후반부터 시작된 산업혁명 이후 인류문명은 농경사회에서
산업사회로 급속히 전환되면서 인간 생활의 생산력 기반이 되는 삼
림과 토지, 지하자원, 수자원 등 자연자원이 크게 훼손되기 시작한
다. 특히 기술문명은 자연환경의 많은 부분을 훼손하는 방향으로 생
산기술과 방식을 변화시켰다. 이 때문에 환경파괴의 규모가 점차 확

뜨거운 지구를 살리자

대되고 환경문제는 지역적, 국지적 문제에서 전지구적인 문제가 되었다. 이와함께 지구 환경문제는 삼림의 대규모 파괴, 급속한 생물종의 멸종, 대기와 수질의 심각한 오염, 지구온난화에 의한 기상이변, 성층권의 오존층 감소 등 다양한 형태로 나타나고 있다.

그러면 산업화 진전이 왜, 그리고 어떻게 오늘날과 같은 심각한 환경오염 문제를 야기하게 되었을까? 그것은 무엇보다 화석연료 사용과 깊은 연관이 있다. 현재 인류가 이용하고 있는 대부분의 에너지는 화석연료에 의해 얻어지고 있다. 화석연료란 지질시대의 유기체가 오랜 시간 땅속에 묻혀 생성된 에너지 자원을 말한다. 화석연료에는 석탄, 석유, 천연가스, 오일샌드 등이 있다.

18세기 후반 인류는 석탄을 기계의 동력원으로 이용하여 산업혁명을 일으키고 대량생산체제를 이루어냈다. 석탄은 18세기부터 사용되었고 산업혁명을 거쳐 20세기 초까지도 가장 중요한 에너지원이었다. 다만, 그 뒤 석유와 천연가스가 발굴되면서부터는 석유에 점차 그 자리를 넘겨주었다.

석유는 이제 '석유 만능 시대'라 할 정도로 우리 생활 전반에 걸쳐 없어서는 안 될 중요한 자원이자 생활필수품이 되었다. 석유는 발전소와 공장, 자동차와 가전용품 등을 가동하는 에너지원으로 활용되고 있다. 20세기 후반 산업화가 가속화하면서 이 화석연료의 사용량은 한층 더 빠른 속도로 증가하고 있다. 오늘날에도 전세계 에너지의

80% 정도를 화석연료에서 얻고 있는 실정이다.

 이처럼 화석연료는 인류의 삶을 편리하게 만드는 원동력이지만 다른 한편으로 여러 가지 문제점을 낳고 있다. 우선 재생이 불가능하고 매장량이 한정되어 있어 자원이 고갈된다는 것이 문제점이다. 자원의 매장 지역, 즉 자원의 편중이 심하기 때문에 가격과 공급 면에서 항상 불안정한 요소를 지닌다는 점도 문제다. 또 다른 문제는 각종 환경오염을 일으킨다는 사실이다. 화석연료가 환경오염을 초래하는 경로는 다음과 같다.

 첫째, 화석연료의 추출 자체가 환경을 파괴할 수 있다. 석탄 채굴

화석연료는 인류의 삶을 편리하게 만드는 원동력이지만 환경오염 등 여러가지 문제점도 유발하고 있다.

뜨거운 지구를 살리자

은 지하 및 지표의 자연생태계를 파괴하며, 채굴되고 버려진 암석의 잔해 또한 환경을 해친다. 채굴과정에서 만들어진 폐수는 하천과 바다를 오염시킨다. 석유나 천연가스 채굴 장비도 지하수를 오염시키고, 석유 이동과정 중에 발생하는 유조선 사고는 바다를 오염시킨다.

둘째, 화석연료는 연소 과정에서 이산화탄소와 불순물이 포함된 질소산화물(NO_x), 유황산화물(SO_x) 등을 배출한다. 이들은 대기 중에 방출되어 다양한 환경문제를 일으키는데, 특히 이산화탄소는 지구온난화의 주범으로 지목되고 있다.

셋째, 화석연료를 사용하는 공장과 발전소에서는 재, 수은, 셀렌, 비소 등 인간과 환경에 해로운 물질을 배출한다. 이처럼 화석연료의 연소과정에서 배출되는 기체는 물론이고, 유류 저장탱크에서 자연 증발되는 가스와 가공연료 생산 공정에서 배출되는 기체로 인한 대기오염도 갈수록 심해지고 있다. 아울러 가솔린을 연료로 하는 자동차에서 배출되는 배기가스는 대도시의 대기를 오염시키고 있다.

지구상에 현존하는 화석연료를 모두 다 태우면 어떻게 될까? 지구의 기온이 현재보다 10℃ 상승하고, 다수의 지역은 인간이 거주할 수 없는 곳으로 파괴되며, 인간의 건강과 식량공급 및 세계경제에 심대한 피해가 발생할 것이란 전망이 나왔다. 특히 북극의 경우 2300

년쯤 현재보다 기온이 무려 20℃나 올라갈 것으로 예상됐다.

이 전망은 캐나다 빅토리아대학 연구팀이 세계적인 과학 잡지 〈네이처 기후변화(Nature Climate Change)〉에 발표한 지구온난화에 대한 극단적 시나리오에 따른 것이다. 물론 이처럼 지구상의 화석연료를 한꺼번에 모두 다 태우는 상황이 벌어질 가능성은 없지만, 만약 인간이 지구온난화에 적극적으로 대처하지 않을 경우 최악의 상황을 맞을 것이라는 경고 메시지라고 할 수 있다.

이제 산업화가 환경오염을 초래하는 과정을 보다 구체적으로 알아보자. 인류는 산업혁명 이후 경제개발 과정에서 자원과 에너지를 부적절하고 무절제하게 사용한 결과 많은 오염물질 배출과 자원고갈 문제를 일으켰다. 여기에 산림채벌과 토지개간까지 과도하게 자행해 자연훼손과 환경오염 문제는 더욱 심각해졌다. 특히 산업화가 가속화될수록 오염물질은 더 많이 배출되고 자원고갈은 더 빠르게 진행되었다. 인구증가와 도시화는 이런 문제를 증폭시켰다. 도시를 중심으로 주변에 공장이 들어서고 사람들은 일자리를 찾아 도시로 몰려들면서 도시의 인구집중 현상은 한층 심화되어 갔다. 이에 점점 늘어나는 도시의 공장 매연과 생활쓰레기는 심각한 공기오염과 토양오염 문제를 야기했다.

이처럼 산업화는 보다 많은 사람들에게 보다 편리하고 풍요로운 생활을 누리게 해주었지만, 다른 한편으로는 대량생산 대량소비에 따르는 자원고갈과 대기·수질·토양 오염 등 각종 환경오염을 일으켰다. 특히 전통적 제조업들은 공장 굴뚝에서 매연을 내뿜어 '굴뚝산업'이라고 불렸는데, 그만큼 환경오염 문제를 심각하게 유발한 것이다. 이에 선진국들은 굴뚝산업에서 벗어나 소프트산업이나 서비스산업으로 눈을 돌리고 있다. 그러나 아직 발전이 낙후된 개도국들은 여전히 굴뚝산업에 총력을 기울이고 있다. 이에 따른 후유증으로 산업화 과정에 있는 개도국들은 극심한 환경오염 문제에 시달리고 있다.

대표적인 나라가 중국이다. 중국은 산업화와 도시화가 가속되면서 관련 오염물질이 과도하게 발생하기 시작했다. 특히 2000년대 들어 공업화와 도시화가 엄청 빠른 속도로 진전되면서 대기오염 문제는 한층 더 심화되었다. 이에 중국정부는 「대기오염방지법」을 제정·운용해 왔다. 그러나 법의 실효성이 부족했다는 평가가 꾸준히 제기되어 온 데다 최근 최악의 스모그 현상이 발생하자 이를 계기로 법을 대폭 강화하여 2016년부터 시행에 들어갔다. 15년 만에 개정된 이번 「대기오염방지법」은 역사상 가장 엄격한 법안으로 평가받을 만큼 조항 수도 많고 범위도 넓다.

산업쓰레기 또한 대기오염을 야기한다. 산업혁명 이후 기술이 발전하면서 생활은 편리해졌지만 그만큼 쓰레기도 늘어나고 있다. 쓰레기는 통상 생활폐기물과 사업장 폐기물로 구분된다. 생활폐기물이

산업쓰레기 또한 대기오염을 야기한다. 산업혁명 이후 기술이 발전하면서 생활은 편리해졌지만 그만큼 쓰레기도 늘어나고 있다. 우리나라는 2010년 기준, 날마다 약 37만 톤의 폐기물이 버려지고 있다.

란 음식물 쓰레기 등과 같이 일상생활 중 그 사용 용도를 다하여 더이상 역할을 하지 못하는 물질을 말한다. 사업장 폐기물은 공장이나 대형유통센터에서 나오는 대형쓰레기, 건설현장에서 나오는 콘크리트 구조물, 벽돌, 철골 구조물, 정원 폐기물 등을 말한다.

우리나라에서는 2010년 기준 날마다 약 37만 톤의 폐기물이 버려졌다. 이 가운데 생활폐기물은 약 4만 9,000톤에 달한다. 이것은 국민 1인당 하루에 약 1kg의 생활폐기물을 버리고, 3명이 사는 한 가정이 일 년에 1톤 트럭 한 대의 쓰레기를 버린 셈이다.

뜨거운 지구를 살리자

이 쓰레기를 처리하는 과정에서도 대기오염이 발생한다. 쓰레기를 처리하는 1차적인 방법은 압축해서 쓰레기의 부피를 줄이거나 태워서 없애는 것이다. 최근 쓰레기소각장에서는 쓰레기를 태울 때 발생하는 높은 열로 전기를 만들고, 주변 지역에 온수와 난방을 공급하고 있다. 그러나 소각 과정에서 비닐이나 플라스틱 등이 타면서 인체에 유해한 독성물질이 배출될 가능성이 있다. 특히 다이옥신은 아주 극소량이라도 계속 흡입하면 암에 걸릴 수 있으며, 불임과 기형아 출산의 원인이 된다. 다이옥신의 위험성은 베트남 전쟁 때 고엽제를 통해 우리에게 잘 알려졌다.

현대사회에서의 삶은 에너지와 불가분의 관계를 갖고 있다. 그러나 에너지 사용이 늘어날수록 대기 중 온실가스 양은 점점 증가하고, 이로 인해 지구환경과 인간의 삶이 위협받고 있는 것이다.

도시화가 부른 심각한 자동차 매연

2015년 12월, 중국의 수도 베이징에서는 수차례에 걸쳐 대기오염 최고 등급인 적색경보가 발령된 바 있다. 자전거를 주로 이용하던 중국인들이 자동차를 타게 되면서 대기오염 물질 배출이 급격히 늘어난 것이 대기오염의 가장 큰 원인으로 지목되고 있다. 실제 베이징 지역의 미세먼지 원인은 자동차 매연(22%), 석탄산화물(17%), 산업분진(16%) 등이 큰 비중을 차지하는 것으로 조사되었다.

이러한 자동차 매연 문제는 비단 중국만이 겪고 있는 문제가 아니다. 세계의 모든 나라들이 도시화가 진행되면서 자동차 매연 문제가 갈수록 심각해지고 있다. 자동차는 도시의 길을 온종일 점령하고 매

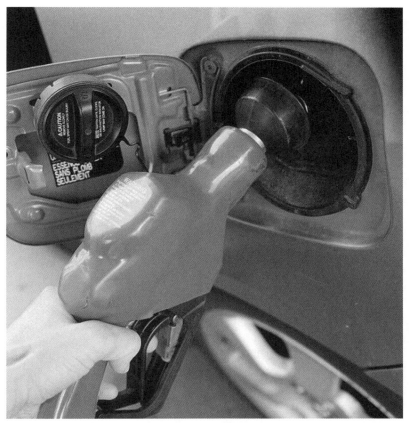

세계의 모든 나라들이 도시화가 진행되면서 자동차 매연 문제가 갈수록 심각해지고 있다. 이산화탄소 배출원은 에너지 42%, 자동차매연 23%, 산업분진 19%, 가정 6%로 나타났다.

연을 내뿜는다. 국제에너지기구(IEA) 자료에 따르면 2013년 기준 전 세계 이산화탄소 배출원(排出源)은 전력 등 에너지 분야에서 42%, 자동차 매연 23%, 산업분진 19%, 가정 6% 등으로 나타났다.

자동차 보유대수 또한 매년 크게 늘어나고 있다. 미국 자동차 전문지 〈워즈오토(Wardsauto)〉는 2011년 8월 16일자로 전세계에서 운행 중인 승용차, 트럭, 버스 등 각종 자동차의 보유대수가 10억 대를 돌파했다고 발표했다. 이후 전세계 시장에서는 매년 약 8,000만 대의 자동차가 판매되었다. 2016년에도 전년 대비 2.9% 증가한 8,850만 대가 판매될 것으로 전망된다. 특히 중국의 자동차 보유가 급속히 늘어나고 있다. 2009년 미국을 제치고 세계 최대 자동차 시장으로 등극한 중국은 2013년 단일국가 최초로 판매량 2,000만 대를 돌파했다. 2014년에는 2,350만 대의 판매대수를 기록해 전년 대비 6.8%에 달하는 높은 성장세를 보였다. 내수 판매량이 150만 대 수준인 우리나라와 비교하면 15배 이상 큰 시장인 셈이다.

우리나라의 자동차 등록대수도 2014년 10월 30일로 2,000만 대를 돌파했다고 한다. 자동차 등록대수가 2,000만 대를 넘어선 것은 전세계적으로 15번째이며, 아시아에서는 일본(1972), 중국(2002), 인도(2009)에 이어 4번째이다.

자동차가 배출하는 가스와 매연은 그 종류가 매우 다양하다. 그중에서도 일산화탄소(CO), 탄화수소(HC), 질소산화물(NOx), 입자상 물질(PM) 등 4가지가 90% 이상을 차지하는데, 이들은 인체에 대단히 해로운 배출가스이다. 일산화탄소(CO)는 탄소와 산소가 짝을 이루어 형성되는 불안정한 물질로, 반응에 필요한 열과 산소가 있으면 산소 하나가 더 붙어 이산화탄소로 변한다. 일산화탄소는 혈액 중에 산소를 운반하는 헤모글로빈과 반응하여 중독 증상을 일으키기 때문에 인체에 매우 유해하다.

탄화수소(HC) 가스는 그대로라면 냄새가 나는 정도의 기체이지만, 대기 중에 있는 산소 및 질소화합물과 화학반응을 하면 자극이 강한 유해한 물질인 알데히드로 변화한다. 질소산화물(NOx)은 질소가 연소 과정에서 산소와 결합하여 형성되는 화합물로서 물과 반응해 질산(HNO_3)을 만드는데, 이는 산성비와 미세먼지의 주요 원인이다. 입자상 물질은 연료, 즉 탄화수소가 연소한 뒤 작은 입자로 배출된 것을 말하며, 다량 배출된 것이 자동차에서 검게 배출되는 매연으로 눈에 쉽게 띈다. 이 밖에도 오존, 황산화물, 휘발성 유기화합물 등이 배출되는데, 이들은 소량이더라도 극도로 유해한 2차생성물로 변화되는 유해물질이다.

자동차에서 배출되는 가스의 양이나 질은 엔진기관이나 자동차의 종류, 주행조건 등에 따라 다르다. 또 같은 자동차라도 정비가 양호한지 불량한지, 사용연수 등에 따라서도 다르다. 그러나 매연 발생은 자동차가 석유를 연료로 하는 내연기관을 동력원으로 하는 이상 본질적으로는 피할 수 없다.

디젤엔진과 가솔린엔진의 기동원리는 다르지만, 기본적으로 공기를 압축하여 연료를 착화시켜 기동하는 원리이다. 착화(着火, ignition)

란 연료를 공기 또는 산소와 함께 가열했을 때 어느 온도에서 점화하지 않아도 연소하기 시작하는 현상을 말한다. 이때의 온도를 '착화온도'라고 한다. 그런데 공기가 부족하면 착화온도 미달로 매연이 나오고, 또 압축력이 약하거나 연료를 미세하게 분사하지 못해도 매연이 나온다. 특히 매연은 디젤엔진에서 많이 나온다. 원래 디젤엔진은 작고 가벼우면서도 연료효율이 높은 값싼 엔진으로 평가받으면서 선박과 트럭, 열차, 잠수함 등 대형기관에 사용되기 시작했다. 우리나라에서도 대형차인 트럭과 버스에 주로 사용되었고, 이후 승합차나 SUV차량 등 점차 사용 범위가 확대됐다.

그러나 디젤엔진 차는 매연, 즉 환경오염 물질을 많이 배출한다는 점에서 우려의 목소리도 높아갔다. 디젤엔진 차는 일반적으로 미세먼지와 질소산화물을 많이 배출한다. 이는 연료인 경유가 불완전연소를 할 뿐만 아니라 디젤엔진이 연소할 때 공기의 비율이 높기 때문이다. 이처럼 디젤엔진 차량은 출력이 좋고 효율은 높지만 그만큼 매연이 많이 발생된다.

이에 따라 디젤엔진 차는 EGR밸브(Exhaust Gas Recirculation Valve)라는 배기순환 밸브를 의무적으로 장착하고 있다. 배출가스 재순환 장치인 이 배기순환 밸브의 역할은 매연을 또다시 공기와 혼합시켜 연소실에 들어가도록 재순환시키는 것이다. 이처럼 매연을 거의 완전연소시키는 디젤엔진 차는 오히려 가솔린 자동차에 비해 이산화탄소와 매연을 적게 배출하게 되었다. 이 기세를 몰아 디젤엔진 차는 '클린디젤(clean diesel)'이란 이름으로 친환경 이미지도 얻었다.

그러다 2015년 10월, 폭스바겐 자동차사의 매연가스 조작 사태가 터지자 사정이 완전히 달라졌다. 2015년 9월 미국 환경보호청(EPA, Environmental Protection Agency)은 독일의 유명한 자동차 제조사인 폭스바겐 그룹의 자동차들이 배기가스 배출량을 속이는 소프트웨어를 차량에 설치한 사실을 밝혔다. 그리고는 해당 차량 48만 2,000대를 리콜(recall)하도록 명령했다. 배기가스 검사시에만 배출통제시스템을 정상 작동시켜 배기가스 환경기준을 통과할 수 있도록 하고, 일반 주행시에는 시스템을 중지해 연료소비 효율 및 출력을 극대화하는 '꼼수'를 부린 사실이 적발된 것이다.

추가적인 조사 결과 폭스바겐은 지난 2004년부터 계열사인 아우디(AUDI) 차량에도 불량배기 관련 부품을 사용해 왔으나 이를 숨겨온 것이 드러났다.

이 매연 조작 스캔들로 인해 폭스바겐은 15년 만에 처음으로 적자를 기록했다. 이후 폭스바겐뿐만 아니라 일본의 닛산 등 다른 자동차 회사들도 매연가스 배출 조작에 대한 의심을 받으면서 조사를 받았다. 더욱이 이제는 경유에서 질소산화물이 많이 배출되어 미세먼지를 유발한다는 조사결과까지 나오고 있어 경유를 연료로 활용하는 디젤엔진 차는 논란의 한가운데 서 있다.

전세계에서 자동차 배출가스 규제가 가장 먼저 시행된 곳은 미국 캘리포니아 주의 로스앤젤레스다. 도시화가 급격히 진행된 로스앤젤레스에서는 이미 1943년에 유명한 LA 스모그가 발생했는데, 이것이 미국에서 자동차 배출가스 공해의 시작이었다. 이후 자동차 배출가스가 스모그의 유력한 발생원으로 지목되면서 캘리포니아 주에서는 1959년 자동차 오염물질의 배출농도 기준을 설정하고, 1960년 「자동차오염방지법」을 제정했다.

이후 연방정부에서도 자동차 배출가스 오염방지를 위한 관련 법들을 제정하여 전국적으로 통일된 배출가스 규제가 시작되었다. 즉 1970년에는 환경보호청(EPA)이 설립되고, 일명 '머스키(Muskie)법' 이라 불리는 「대기오염방지법(Clean Air Act)」이 제정되었다. 이로써 미국은 오늘날 환경보전에 관한 규제나 지도 부문에서 선각자적인 역할을 하고 있다.

극심한 환경오염 문제에 시달리는 중국정부도 최근 자동차 매연을 줄이기 위해 전기차 산업 육성정책을 강력히 추진하고 있다. 우리나라 또한 자동차 보유대수가 크게 증가하기 시작한 1980년대 후반부터 자동차 매연에 대한 문제인식을 제고해오고 있다. 특히 최근 들어서는 경유를 연료로 사용하는 디젤엔진 차에 대한 규제를 강화하고 있다.

문제의 발단은 가솔린 차에 비해 경유차가 미세먼지를 유발하는

뜨거운 지구를 살리자

질소산화물을 많이 배출하고 있다는 점에서 시작되었다. 물론 경유차를 주로 서민들이 많이 사용하고 있다는 점, 미세먼지를 촉발시킨 주원인이 경유차에 있기보다는 기본적으로 산업화에 따른 화석연료 사용 증가에서 비롯되고 있다는 점 등 경유차 규제에 대한 논란이 뒤따랐다.

그러나 이를 계기로 우리 사회가 대기오염과 기후변화에 대한 관심을 한층 더 제고시켜 나가야만 할 것이다.

각종 질병을 유발한다,
미세먼지 주의보

　　　　　　지구온난화로 인한 기후변화는 다양
한 경로를 통해 인류의 건강과 생명에 치명적인 영향을 미치고 있다.

　2003년 여름 유럽에서는 사상 최악의 불볕더위로 2만여 명이 목숨을
잃었다. 기후변화로 인한 재난이 테러나 전쟁 못지않게 심각하다는 경
고가 현실로 나타난 것이다. 혹한과 가뭄, 홍수와 태풍 등으로 인한 사
고 사망자 수도 갈수록 증가하고 있다. 지난 20년간 기후변화로 인한
자연재해 발생으로 세계적으로 60만 명 이상이 사망했고, 41억 명이 다
치거나 집이 없어져 긴급구조를 받아야 했으며 피해액은 1조 9,000억
달러에 달한다는 UN보고서가 2015년 발표되었다.

　기후변화는 인류에게 자연재해뿐 아니라 여러 가지 질병을 일으

　　　　　　　　　　　　　　　　　　　　　　뜨거운 지구를 살리자

킨다. 기후변화로 인한 질병 발생은 지역과 계절에 따라 차이가 있다. 예를 들면 홍역, 유행성 퇴척 수막염, 성홍열 등은 겨울과 봄에 유행하며, 콜레라와 이질은 여름에 자주 발생하고 있다. 또 관절염은 북방의 냉한지역에서 자주 발생하고, 심뇌혈관 질환과 호흡기 질병 역시 기온과 밀접하게 연관돼 저온과 고온에서 사망률이 높다고 알려져 있다.

기후변화가 인류 건강에 미치는 주요 영향으로 세계보건기구는 5가지를 꼽는다. 첫째, 기온 상승과 가뭄 및 홍수 등으로 식량생산이 감소할 것이다. 둘째, 홍수로 인한 상하수도 시설 훼손으로 콜레라와 같은 수인성 질병이 증가할 것이다. 셋째, 물 부족이나 폭우로 인해 오염된 물과 식품을 통해 확산되는 살모넬라증과 병원성 대장균증 등 식품매개 질병이 증가할 것이다. 넷째, 지구온난화로 오존과 꽃가루가 증가하여 천식이 더욱 증가할 것이다. 다섯째, 기온 및 강우 패턴의 변화는 질병을 매개하는 동물 분포의 변화를 가져올 것이다.

관련된 예를 들어보자. 지구 온도가 계속 올라가면 해충이나 병원체의 번식과 전파에 적합한 조건이 형성되어 잠재 세균과 바이러스가 확산되면서 신종 전염병 발생의 원인이 되기도 한다. 지구온난화로 빙하가 녹으면서 원시 바이러스가 현대 바이러스 유전자와 결합해 신형 바이러스로 변화될 가능성도 있다.

이런 바이러스는 인류가 전혀 접촉한 적이 없고 면역력이 약해 인류 건강을 크게 위협할 수 있다.

최근 세계를 긴장시킨 메르스나 지카 바이러스 같은 전염병도 과거에는 찾기 어려운 신형 바이러스의 일종이다. 문제의 심각성은 대부분의 질병이 면역체계가 약한 소수에게 집중되지만, 기후변화로 인한 질병은 피해 규모를 상상하기 어려울 정도로 인류 전체에 영향을 미친다는 점이다.

이제 미세먼지의 사례를 통해 지구온난화로 생겨나는 질병의 폐해를 좀더 구체적으로 살펴보자. 공기 속에 입자상 물질이 부유하고 있는 상태를 일반적으로 먼지라 한다. 그런데 입자 크기가 $10\mu m$(마이크로미터) 이상인 경우에는 도시미관에 안 좋은 영향을 미치지만 인체에는 그다지 해롭지 않다. 따라서 문제가 되는 것은 입자 크기가 $10\mu m$보다 작은 미세먼지다. 이 중 지름이 $2.5\mu m$ 이하의 입자는 초미세먼지라고 한다. $10\mu m$란 지름이 머리카락 굵기의 1/10 정도 크기를 뜻하며, PM10으로도 표기한다. PM이란 Particulate Matter(입자상 물질)의 약자이다. 이 미세먼지는 대부분 자동차 배기가스나 산업활동에서 배출되는 찌꺼기에서 발생한다.

미세먼지는 비 또는 눈 속의 중금속 농도를 증가시킨다. 또한 대기중에 부유하면서 빛을 흡수 · 산란시키기 때문에 시야를 악화시키거나 식물 성장에도 나쁜 영향을 미친다. 이뿐만 아니라 인체에 직접 유해한 질병을 일으키고 있다. 공기 중에 떠다니는 일반적인 먼지는

뜨거운 지구를 살리자

미세먼지는 비 또는 눈 속의 중금속 농도를 증가시킨다. 또한 대기 중에 부유하면서 빛을 흡수·산란시키기 때문에 시야를 악화시키거나 식물 성장에도 나쁜 영향을 미친다. 이뿐만 아니라 인체에 직접 유해한 질병을 일으키고 있다.

코털이나 기관지 점막에서 대부분 걸러져 배출된다. 하지만 미세먼지는 크기가 매우 작기 때문에 코, 구강, 기관지에서 걸러지지 않고 몸에 축적된다. 이에 따라 미세먼지에 노출되면 무엇보다 호흡기 및 심혈관계 질환에 감염될 우려가 크다. 또 혈관이 손상되면서 협심증, 뇌졸중의 위험도 높아진다.

피부에도 치명적인 결과를 가져온다. 미세먼지가 모공을 막아 여드름이나 뾰루지를 유발하고 피부를 자극하면서 아토피 피부염을 악화시키기도 한다. 두피에 미세먼지가 섞인 눈을 맞으면 모낭세포의 활동력을 떨어뜨려 모발이 가늘어지거나 쉽게 부러지고 작은 자극에도 머리카락이 쉽게 빠진다. 또한 암 발병에도 영향을 미친다. 미세먼지는 세계보건기구 산하 국제암연구소(IARC)가 지정한 1급 발암물질이다. 덴마크 암학회 연구센터가 조사한 바에 따르면 미세먼지 농도가 $10\mu g/m^3$ 늘어날 때마다 폐암 발생 위험이 22% 증가했다. 이 때문에 전문가들은 미세먼지를 '조용한 살인자'라고 부른다.

이처럼 미세먼지는 인체에 치명적인 질병을 일으키는 오염물질이기 때문에 우리 정부는 이를 강력히 줄여나갈 계획을 밝혔다. 2016년 초 확정한 향후 20년간 국가 지속가능발전을 위한 '제3차 지속가능발전 기본계획(2016~2035)'은 초미세먼지 대기환경 기준을 세계보건기구 기준에 맞춰 2015년 $25\mu g/m^3$에서 2020년과 2035년에 각각 $20\mu g/m^3$와 $15\mu g/m^3$ 수준으로 강화한다는 내용을 담고 있다.

연이어 2016년 6월에는 관련 부처들이 합동으로 '미세먼지 종합대책'을 마련·발표했다.

주요 내용으로는 경유차와 건설기계 축소, 친환경차 보급 확대, 노후 석탄발전소 10기를 폐지하고 발전소 연료를 천연가스로 전환, 태양광과 에너지 신산업에 대한 투자 확대 등이 포함되어 있다. 논란의 중심에 서 있던 경유 가격 인상은 하지 않기로 했다. 대신 노후 경유차를 조기 폐차하도록 유도하고, 노선 경유버스를 전량 친환경적인 천연가스(CNG, Compressed Natural Gas) 버스로 교체하기로 했다.

뜨거운 지구를 살리자

한편 우리가 일상생활을 해나가는 가운데 알아두어야 할 미세먼지 예방법은 다음과 같다.

첫째, 가장 중요한 것은 미세먼지 상태가 나쁘다고 예측될 때는 미세먼지 행동요령에 따라 활동하는 것이 좋다. 미세먼지 예보 등급은 일일 평균치를 기준으로 ▲좋음 ▲보통 ▲약간 나쁨 ▲나쁨 ▲매우 나쁨 ▲위험 등 6단계로 구분한다. '약간 나쁨' 단계부터는 노약자나 심혈관질환자 · 호흡기질환자들이 직접 영향을 받는다. 야외활동을 자제하는 것이 좋다고 하지만 가장 좋은 방법은 외출하지 않는 것이다.

둘째, 미세먼지 농도가 높을 것으로 예측되면 집안의 문을 닫아 미세먼지의 유입을 차단한다. 집 실내에서는 충분한 습기 유지와 함께 공기청정기를 켜는 것이 좋다.

셋째, 외출할 때는 호흡기질환 예방을 위해 미세입자를 걸러내는 성능을 가진 황사방지용 마스크를 착용한다. 황사방지용 마스크는 식약청으로부터 허가받은 제품이어야 한다. 한 번 사용한 마스크는 먼지나 세균에 오염될 수 있으므로 재사용하지 말아야 한다.

넷째, 외출 후에는 깨끗이 씻어야 한다. 몸은 물론 두피에도 미세먼지가 쌓일 수 있기 때문에 머리도 바로 감는 것이 좋다. 눈이 가려

올 때는 비비지 말고 인공눈물로 씻어내고 목이 칼칼하다고 느끼면 양치질을 통해 미세먼지를 뱉어내야 한다. 물을 자주 마시는 것도 도움이 된다. 미세먼지는 기관지를 통해 체내에 흡수되는데, 호흡기가 촉촉하면 미세먼지가 체내로 들어가지 않고 남아 있다가 가래나 코딱지 등으로 배출되기 때문이다.

다섯째, 면역력을 강화시키기 위해 비타민 C를 섭취한다. 비타민 C의 가장 대표적인 효능은 몸속 유해산소를 없애주는 '항산화' 기능으로 노화를 방지하고 각종 염증 증상을 개선한다. 또 신진대사를 촉진시켜 영양분의 흡수는 물론 상처 치유 및 수술 후 회복에 도움을 주며, 면역체계를 강화시켜 감기도 예방한다. 하지만 비타민 C는 과다 복용시 복통이나 설사, 속쓰림과 같은 위장장애가 생길 수 있으므로 일일권장량을 지키는 것이 중요하다.

뜨거운 지구를 살리자

생태계 훼손으로 멸종위기에 놓인 생물체들

모든 생물은 환경과 불가분의 관계를 맺고 있으며, 이들은 상호 작용을 통해 하나의 계(system)를 이루고 있다. 이 지구상에는 인간을 포함한 생물적 요소와 무생물적 요소 등 다양한 구성요소들이 작용과 반작용과 같은 상호작용을 통해 하나의 조절계를 형성하고 있다. 이것이 이른바 생태계이다. 그런데 산업화가 전개되면서부터 이 생태계가 변하거나 훼손되고 있다. 그것은 인류가 환경오염과 지구온난화를 불러일으켜 생태계의 조절 기능을 약화 또는 손상시키고 있기 때문이다.

인간은 지구환경 속에서 상호관계를 맺으며 살아가고 있다. 과거 문명 발달이 미미했던 시기에는 인간은 환경에 절대적으로 순응하며 살아왔다. 그러나 산업혁명 이후 인간은 환경을 자신의 의지와 능력에 따라 개발할 수 있는 자원으로 인식하게 되었다. 그 결과 18세기부터 시작된 산업화 과정을 통해 이루어진 과학기술 발달과 급격한 인구 증가, 도시화는 지구환경을 크게 오염시켰다.

한편 환경오염은 생물의 다양성을 해치거나 생태계를 위협한다. 각종 인공 화학물질이 동식물에 잔류 또는 축적되면서 종(種)이 멸종하기도 하며, 먹이사슬을 통해 다른 종에 오염물질이 옮겨지기도 한다. 이는 결국 인류에게 커다란 위협으로 다가오고 있다. 자연은 살아 있는 유기체이며, 인간은 그 일부로서 자연과 매우 밀접한 상호작용을 하기 때문이다. 만약 현재와 같은 속도로 무분별한 개발이 계속된다면 머지않아 자연뿐만 아니라 인간도 사라지는 위기에 놓일 것이다.

지구 곳곳에서 일어나고 있는 환경오염과 기후변화는 생태계에 심각한 영향을 미치고 있다. 서식지가 사라지거나 먹이가 없어지면서 일부 동식물이 이미 지구에서 사라졌다. 갈수록 더 많은 종이 멸종위기에 놓여 있는 실정이다. 맹그로브 습지 파괴의 예에서 보는 바와 같이 습지대가 경작지로 바뀌면서 발생하는 생물 다양성의 엄청난 상실, 바다와 대양에 사는 해양식물의 무절제한 포획, 열대와 아열대 바다의 산호초 파괴로 물고기와 갑각류들이 떼죽음을 당하는 현상을 우리는 목격하고 있다.

뜨거운 지구를 살리자

2008년 5월 미국 내무부는 북극곰을 멸종위기에 처한 동물로 공식 등록했다고 밝혔다. 그 배경에는 지구온난화가 있었다. 지구의 평균기온이 상승하면서 북극해의 빙하가 녹아 북극곰 서식지가 사라지게 된 것이다. 결국 북극곰은 지구온난화 탓에 세계 최초로 공식적인 보호를 받는 동물이 되었다. 이것은 지구온난화로 말미암은 재앙의 서막에 불과하다. UN보고서에 따르면 지구의 온도가 3.5℃ 상승하면 생태계의 생물 중 40~70%가량이 멸종될 가능성이 있다고 한다. 2050년 우리나라의 평균기온이 2℃ 상승하면 벼 수확량은 4.4% 감소하고, 사과 재배면적은 34%가 줄어들어 식량 공급에 위기 상황이 발생한다는 연구결과도 있다.

생태계 변화와 위기의 실태를 보다 구체적으로 살펴보자. 세계적으로 유명한 인도의 벵골호랑이는 절반 정도로 개체수가 줄었으며, 중국의 대표 동물 판다는 겨우 수백 마리만이 남아 있는 실정이다. 세계자연보존연맹의 보고에 따르면, 현재 지구상 2만 5,000여 종의 식물과 1,000여 종의 동물이 멸종위기에 놓여 있으며, 지금과 같은 추세로 생물종이 사라진다면 20년 후에는 100만 여 종에 달하는 생물이 멸종할 것이라고 한다. 온난화로 지구 전역이 어려움을 겪고 있지만, 특히 양극지역과 고산대의 생태계는 더욱 심각한 몸살을 앓고 있다. 북극곰의 생존이 위협받고, 로키 산맥의 정상부에 서식하는 제왕나비와 새앙토끼의 분포지역이 축소되고 개체수도 감소했다.

날이 갈수록 열대림의 서식지는 저위도 지역으로 점차 넓어지는 반면, 한대림의 서식지는 줄어들 것으로 예측되고 있다. 특히 한랭한 북극권과 고산지대에 격리되어 서식하고 있는 식물군들의 경우 생리적으로 고온과 건조 스트레스에 시달리고 있다. 그들은 결국 남쪽과 산 아래쪽에서 밀려드는 온대성 식물과의 경쟁에 밀려 도태될 것이라는 우려의 목소리가 커지고 있다.

온난화로 봄꽃의 개화 시기가 점점 빨라지고 있다. 봄꽃의 개화 시기는 벌, 나비 같은 곤충의 생태와 나무의 번식에 매우 큰 영향을 미친다. 꽃은 빨리 피었지만 나비나 벌 같은 곤충들이 겨울잠에서 아직 깨어나지 않고 있다. 이처럼 꽃의 개화 시기와 곤충의 활동 시기가 맞지 않으면 식물이 번식할 수 없다. 또 곤충은 먹을 것이 없어서 그 수가 점점 줄어들 것이다.

이런 연유로 지구상에서 꿀벌이 점점 사라지고 있다. 2006년 이후 북미대륙과 유럽·호주 등에서 꿀벌이 4마리 중 1마리꼴로 종적을 감추고 있다고 한다. 우리나라에서도 꿀벌과 양봉 농가가 점차 쇠락하고 있는 실정이다. 그런데 인간이 재배하는 1,500종의 작물 중 30%는 꿀벌이나 곤충의 가루받이가 필요하며, 또 세계 식량의 90%를 차지하는 100대 농작물만 보더라도 70%가 꿀벌에 수정을 의존한다는 학설이 있다. 그래서 꿀벌이 사라지면 농산물의 양과 종류가 그만큼 줄어들고 인류는 당장 식량부족 상태에 직면하게 될 것이다.

뜨거운 지구를 살리자

알버트 아인슈타인(Albert Einstein)은 "만약 벌들이 지구상에서 사라진다면 인류는 4년 이상 버티지 못한다."라고 말한 바 있다.

일찍이 상대성이론을 밝힌 천재 물리학자 알버트 아인슈타인(Albert Einstein)은 "만약 벌들이 지구상에서 사라진다면 인류는 4년 이상 버티지 못 할 것이다."라고 말한 바 있다.

지구온난화로 인해 한반도의 자연생태계에도 적지 않은 부작용이 발생할 것으로 예상된다. 지난 100년 동안 한반도의 평균기온은 1.5℃ 상승했고, 이에 따라 식생도 변하고 있다. 한랭지역에서 재배되던 작물은 점차 북상하거나 더 이상 작황을 기대하기가 어렵다. 봄날에 꽃피는 시기가 빨라지고 단풍 시작 시기는 늦어지고 있다. 강과 바다에서 서식하는 주 어종도 난류성으로 점차 바뀌어가고 있다.

환경호르몬(environmental hormone)도 생태계를 파손하는 커다란 요인이다. 환경호르몬이란 생물체에서 정상적으로 생성·분비되는 물질이 아니라 인간이 산업활동을 하는 가운데 생성·방출되는 화학물질이다. 우리에게 흔히 알려진 환경호르몬으로는 변압기 절연유(絶緣油)로 사용되는 PCB, 살충제로 사용하는 DDT, 합성세제 원료인 노닐페놀, 플라스틱 원료인 비스페놀 A, 소각장에서 발생하는 다이옥신 등이있다.

이것들은 극미량이라도 생물체 내에 들어가면 마치 호르몬처럼 작용하여, 내분비계의 정상적인 기능을 방해하거나 혼란시킨다. 그 결과 야생동물과 인류의 생식, 면역, 그리고 정신기능의 장애와 교란을 유발한다. 환경호르몬으로 인한 생태계 교란 사례로, 1952년 미국 플로리다 걸프 해안의 대머리독수리 사태를 들 수 있다. 이들은 80%가 불임으로 짝짓기와 새끼 양육의 본능을 상실했다는 사실이 보고된 바 있다.

뜨거운 지구를 살리자

산업에도 지대한 영향을 미치는 기상이변

기후변화는 산업에 긍정적인 영향과 부정적인 영향을 동시에 끼친다.

여름철 무더위가 지속될 경우 에어컨, 선풍기, 아이스크림 등의 매출이 증가하는 반면, 장마가 길어지면 제습기, 우산, 비옷, 장화, 살충제 매출이 늘어난다. 실제로 봄가을이 짧아지고 여름과 겨울이 길어지면서 의류업계에서는 간절기 상품인 트렌치코트(trench coat)의 수요가 줄어들고, 겨울까지 입을 수 있는 계절상품이 생겼다고 한다. 그리고 여름에만 사용하는 것으로 알고 있던 에어컨이 봄부터 가을까지 이용기간이 길어지면서 수요가 늘어나고 있다. 또한 여행상품에서도 변화가 생겨났는데, 너무 추워서 가기 힘들었던 알래스카와 극지방의 기온이 높아지면서 그곳을 찾는 관광객이 늘어나고 있다.

기상이변과 지구온난화는 일반적으로 산업에 부정적인 영향을 미친다. 그 피해는 인류에게 필수자원인 물에서부터 시작된다. 기온이 올라감에 따라 지표를 흐르는 물이 증발하고 증발 속도는 갈수록 빨라지고 있다. 이처럼 물 공급은 감소하는 데 비해 수요는 오히려 증가하고 있어 많은 지역에서 물 부족 사태를 겪는다. 또한 비 내리는 시기가 변하고 가뭄이나 홍수로 인한 피해도 점점 더 커지고 있다. 결국 식수뿐만 아니라 농업용수와 공업용수 부족 문제까지 일어나고 있는 것이다.

또 다른 측면에서는 산업계가 추가적인 관리비용을 부담하게 된다는 점이다. 온난화로 기온이 올라가면 음식물은 쉽게 부패하고 공장에서 만든 제품의 성능과 효용은 떨어지고 만다. 식품을 올바로 유지·보관하기 위해서는 비용을 추가로 지불해야 하는 것이다. 이와 함께 지구온난화 방지를 위한 과정에서도 산업계에 추가적인 부담이 발생된다. 예를 들면 생산 공장에서 배출하는 환경오염원을 제어하거나 새로운 친환경 대체시설을 마련하기 위해서는 투자비용이 필요하다. 탄소배출거래제에 따른 비용부담은 대표적인 예이다. 그래서 산업계에서는 지구온난화를 위기적 상황으로 치부하고 있는 것이 현실이다.

기후변화를 방치하면 2050년까지 13억 명의 사람들이 자연재해로 인한 위험에 노출되고, 158조 달러에 이르는 손실이 예상된다는 전망이 나왔다. 이 손실규모는 연간 세계 총생산액(GDP)의 2배에 해

세계은행 기후변화사무국은 "도시의 인구증가와 기후변화는 빠른 속도로 우리의 미래를 위협하고 있고, 또한 도시와 해안지역의 재난에 대해 준비하는 접근방식을 바꾸지 않는다면 미래의 손실은 급격히 증가할 것"이라고 전했다.

당한다. 이러한 보고서를 내놓은 세계은행 기후변화사무국은 "도시의 인구증가와 기후변화는 빠른 속도로 우리의 미래를 위협하고 있고, 이는 곧 우리를 비참하게 만들 것이다. 또한 도시와 해안지역의 재난에 대해 준비하는 접근방식을 바꾸지 않는다면 미래의 손실은 급격히 증가할 것"이라고 전했다.

지구온난화와 기상이변이 산업계에 미치는 영향을 업종별로 살펴보자. 가장 직격탄을 맞게 되는 산업은 농업이다. 지구촌 식량 사정은 기상이변에 따른 작황 부진이 예상되면서 갈수록 상황이 더

나빠질 것이다. 먼저 가뭄과 홍수, 태풍 피해를 입어 농작물의 작황이 부진해진다. 이로 인해 곡물가격이 상승하면 무엇보다 물가가 상승하는데, 이러한 현상을 흔히 애그플레이션(agflation, agriculture + inflation)이라고 한다. 또 이차적 피해는 여러 가지 병충해가 발생해 힘들게 경작한 농작물에 피해를 입힌다는 것이다.

미국 농무부는 기후변화로 인해 향후 옥수수 · 콩 · 쌀 · 수수 · 목화 등 주요 농작물의 생산량 감소를 예상하고 있는데, 이는 표층수 부족 현상과 이로 인한 관개농업의 감소에 기인하는 것으로 분석하고 있다. 표층수란 바닷물의 표면 가까이에 있는 물로, 풍랑이나 강수(降水), 증발 따위와 같은 외부 작용에 직접 영향을 많이 받는다. 이런 상황은 어느 한 지역이나 시기에 국한된 것이 아니라 지구촌 곳곳에서 수시로 일어나는 문제라는 점에서 심각성을 더한다.

2015년에도 예외가 아니었다. 우선 밀 · 콩 · 옥수수 등 3대 곡물의 최대 수출국인 미국은 곡창지대인 중부지방이 폭염과 폭우에 휩싸이면서 이들 작물 생산량이 크게 감소했다. 중국 남부 곡창지대인 광둥(廣東) 등지에서도 20일가량 폭우가 쏟아져 200만ha 이상의 농경지가 물에 잠기면서 밀 · 옥수수 생산에 커다란 차질을 빚었다. 호주 역시 6년째 가뭄이 이어지면서 밀 · 옥수수 생산량이 크게 줄고 수출도 감소하면서 농가 경제에 큰 타격을 줄 것으로 우려하고 있다.

대표적인 굴뚝산업인 제조업도 전반적으로 큰 피해를 입을 것이

화석연료 의존도가 큰 철강·제련 산업은 에너지 효율화 정책과 에너지 절약 기술을 개
발하지 않으면 산업발전이 정체되거나 후퇴할 것이다.

다. 특히 화석연료 의존도가 큰 철강·제련 산업은 에너지 효율화 정
책과 에너지 절약 기술을 개발하지 않으면 산업발전이 정체되거나
후퇴할 것이다. 반면 전기자동차, 스마트 그리드(Smart Grid), 의료산
업과 바이오산업 등 친환경산업(eco-friendly industry)들은 새로운 성
장동력이 될 것으로 예상된다.

건설업 역시 기상이변으로 인한 공기(工期) 지연과 안전사고 노출,
인건비 및 콘크리트 비용 등이 증가하게 된다. 수송업의 경우 항공
기와 선박의 결항, 도로 교통체증으로 타격을 입을 것이다. 유통업은
기상예측을 잘못할 경우 재고 발생에 따른 손실을 입을 뿐만 아니라,

경쟁업체에 시장을 빼앗길 수도 있다. 이미 오프라인 매장은 온라인 쇼핑몰과 TV홈쇼핑 업체에 시장 점유율을 빼앗기고 있다.

그러나 '위기는 기회'라고 기상이변은 신산업의 태동과 확장의 기회가 될 수도 있다. 특히 기상과 관련된 상품과 서비스를 제조 · 공급하는 기상산업은 이상기후로 인한 불확실성을 줄인다는 점에서 각광받는 신산업이다.

우리나라 「기상산업진흥법」에서 규정하고 있는 기상산업의 범주에는 기상예보업, 기상감정업, 기상장비업, 기상컨설팅업 등이 포함되며, 기상금융업도 넓은 범주에 해당한다. 1997년 기상사업자 제도가 도입된 뒤 우리나라 기상산업은 가파른 성장세를 보이고 있으며, 관련 업체 수 또한 크게 늘어나고 있다. 이는 기업이 기상이변에 대한 대응을 유가와 환율, 금리 같은 경영변수의 한 축으로 인식했기 때문이다. 기업은 기상이변에 따른 피해를 최소화하기 위해 기상이변에 대한 예측 및 대응 관련 매뉴얼을 마련하여 수시로 훈련과 점검을 해나가야 한다. 또 생산 · 유통 · 가격 · 판매 등에 미치는 영향을 파악해 필요한 조치를 해나가야 할 것이다.

금융업도 새로운 상품이 만들어지는 호기를 맞이할 것이다. 기상이변 현상이 발생함에 따라 커져버린 변동성을 줄이기 위해, 즉 리스크 헤징(risk hedging)을 위해 여러 가지의 날씨 관련 파생상품과 보험상품을 개발할 수 있기 때문이다.

뜨거운 지구를 살리자

여러 산업 중에서도 지구온난화로 가장 큰 영향을 받는 업종은 바로 에너지 산업이다. 온실가스를 줄이기 위해서는 석탄과 석유 등 기존의 화석연료를 줄이는 대신 새로운 클린 에너지를 개발해 나가야 한다. 이에 따라 에너지산업은 새로이 각광받는 산업으로 부상하고 있다. 특히 풍력과 수력 그리고 신재생에너지 산업은 떠오르는 유망 산업이다.

에너지절약 전문기업(ESCO, Energy Service Company)의 활동도 활발해지고 있다. 이는 개인이나 기업을 대신해서 에너지절약 전문기업이 에너지절약 시설에 투자하고 에너지 절감액으로 투자비를 회수하는 제도이다. 우리나라에서는 소비자들이 아껴서 남긴 전력을 되팔 수 있는 전력 거래시장인 '수요자원(需要資源) 거래시장'이 2014년 11월 25일 아시아 최초로 개설되어 운영되고 있다.

국제에너지기구(IEA)는 온실가스 감축이 세계적 이슈로 부각되면서 2030년까지 에너지시장에 총 12조 3,000억 달러 규모의 투자가 이뤄질 것으로 예상하고 있다. 이런 추세에 발맞춰 우리나라도 태양광사업을 시작으로 에너지관리 통합서비스사업, 전력수요 관리사업, 전기차서비스 및 유료충전사업 등의 인프라를 확충해 나가야 할 것이다.

지구는 멸망할 것인가?

2004년에 만들어진 영화 〈투모로우(The Day After Tomorrow)〉는 급격한 지구온난화로 지구 전체가 빙하로 뒤덮이면서 벌어지는 이야기를 담고 있다. 이 영화는 대서양 자오선 역전순환류가 붕괴되면서 빙하기가 왔다는 가설을 토대로 하고 있다. 그런데 최근 이 영화 속 이야기가 우리의 현실로 다가올 수도 있다는 과학자들의 경고가 잇달아 나오고 있다.

영화의 줄거리는 이렇다. 기상학자인 잭 홀 박사는 남극에서 빙하 코어를 탐사하던 중 지구에 이상변화가 일어날 것을 감지하고 얼마 후 국제회의에서 지구의 기온 하락에 관한 연구발표를 한다. 급격한 지구온난화로 인해 남극과 북극의 빙하가 녹고 바닷물이 차가워지면서 해류의 흐름이 바뀌어 결국 지구 전체가 빙하로 뒤덮이는 거대한 재앙이 올 것이라고 경고한다. 그러나 그의 주장은 비웃음만 당하고 상사와의 갈등만 일으키고 만다.

얼마 후 끔찍한 토네이도가 로스엔젤레스를 휩쓸고 일본에서는 우박으로 인한 피해가 TV를 통해 보도되는 등 지구 곳곳에 이상기후 증세가 나타난다. 잭은 해양 온도가 13℃나 떨어졌다는 소식을 듣고 자신이 예견했던 빙하시대가 곧 닥칠 것이라는 두려움에 떤다. 백악관으로부터 연락을 받은 잭은 브리핑을 통해 인류의 생존을 위해서는 지구 북부에 위치한 사람들은 이동하기 너무 늦었으므로 포기하고, 대신 중부지역부터 최대한 사람들을 멕시코 국경 아래인 남쪽으로 이동시켜야 한다는 주장을 펼친다. 이동을 시작한 사람들은 일대 혼란에 휩싸이나 그럼에도 불구하고 잭은 아들이 있는 북쪽 뉴욕으로 향한다.

영화의 결말은 묘한 여운과 의문을 남긴다. "인류는 지구의 대재앙을 극복할 수 있을 것인가? 깨어 있어라 그날이 온다…."

우리는 신생대 제4기에 살고 있다. 지구의 역사는 시생대에서 시작하여 신생대에 이르고 있다. 신생대 제4기에도 빙기와 간빙기가 여러 차례 교차되었고, 지금은 마지막 빙기라고 생각되는 뷔름 빙기가 끝나고 후빙기가 전개되고 있는 시기이다. 후빙기는 신생대의 마지막 빙기가 종료된 1만 년 전부터 지금까지의 지질시대를 말한다.

대체로 온난한 시기이지만, 몇 차례의 추운 시기와 따뜻한 시기가 번갈아 나타나면서 오늘에 이르고 있다.

따뜻한 기후 덕에 비교적 넉넉한 생활을 해오던 유럽에 1315년 여름 큰 홍수가 발생하여 흉년이 들었다. 이듬해 봄에도 비가 많이 내려 농작물 파종을 할 수 없었다. 이른바 유럽에 '소빙기(little ice age)'의 징후가 나타나기 시작한 것이다. 소빙기 동안 유럽의 겨울은 훨씬 춥고 길어졌으며, 여름은 습하고 짧아짐에 따라 곳곳에서 변화가 나타났다. 영국에서는 포도가 사라졌고, 그린란드에 진출했던 바이킹은 농사가 어려워지자 다시 유럽으로 돌아갔으며, 알프스에서는 빙하가 발달하여 골짜기에 자리 잡은 마을을 덮치기도 했다.

현재 우리는 150년 전에 시작된 '현대 온난기'에 살고 있다. 특히 18세기 후반부터 시작된 산업혁명 이후 세계는 지구의 기온이 올라가는 온난화 현상이 진행되고 있다.

그러나 최근 지구온난화가 빠른 속도로 진행되면서 해수면이 상승하고 빙하가 감소하자 인류는 지구 멸망에 대한 두려움을 갖게 되었다. 지구 평균 해수면의 높이는 지난 20세기 동안 약 15cm 상승했고, 특히 최근에는 상승 속도가 빨라져 매년 약 2.74mm 상승해 왔다. 더욱이 앞으로 온실가스 배출량을 급격히 감소시킨다 하더라도 그간 배출된 온실가스가 잔류함에 따라 지구의 기온 상승은 지속되고 해수면도 높아질 것으로 예견되고 있다.

뜨거운 지구를 살리자

UN은 이러한 연구결과를 감안해 지금과 같은 속도로 온실가스가 늘어나면 2100년에는 평균 해수면 높이가 63cm 오를 것으로 보고 있다. 그런데 세계 인구의 약 40%는 해안으로부터 100km³ 이내에 살고 있으며, 1억 명에 달하는 사람들이 해발고도 1m 이내 지역에서 살고 있다. 이에 따라 기후변화는 인간의 생명을 위협하고 거주환경도 크게 바꾸어놓을 가능성이 크다. 실제 투발루와 몰디브 등 태평양과 인도양에 위치한 작은 섬들은 바닷물 속에 잠기고 있는 상황이다.

18세기 말 산업혁명 시기에 비해 현재 지구 온도는 1℃가량 상승한 상태다. 과학자들은 지구 평균기온이 2℃ 이상 상승할 경우 시베리아 영구동토층, 남극 및 그린란드 빙하의 해빙이 가속화되고, 이에 따라 더 이상 기후변화를 예측하고 제어하는 것이 불가능해지는 선을 넘게 될 것으로 예측한다.

특히 UN '기후변화에 관한 정부 간 협의체(IPCC)'는 지구 평균기온이 산업화 대비 2℃ 상승할 경우 10억~20억 명 물 부족, 생물종(種) 중 20~30% 멸종, 1,000만~3,000만 명 기근 위협, 3,000만여 명의 홍수 위험 노출, 여름철 폭염으로 인한 수십만 명의 심장마비 사망, 그린란드 빙하와 안데스 산맥 만년설 소멸 등이 발생할 것으로 예측했다.

지구온난화는 오존층 파괴로도 지구를 멸망시킬 수 있다. 지상 10~40km에 있는 오존층은 태양으로부터 오는 해로운 자외선을 흡수하여 지상의 생물체들을 안전하게 보호하는 방패와 같은 역할을

선진국들은 오존층 보호를 위해 1987년 오존층 파괴물질의 생산과 사용을 규제하는 '몬트리올 의정서'를 체결하여 1989년 1월부터 발효시켰다.

한다. 그런데 오존층이 조금씩 파괴되어 가면서 자외선 강도가 세져 인체의 피부와 시력뿐만 아니라 식물의 생장에도 악영향을 끼치고 있다.

오존층을 파괴하는 주 요소는 일명 프레온으로 불리는 염화불화 탄소(CFCs)라는 물질이다. 이는 전자부품의 세척제, 냉장고의 냉매, 스프레이의 분사기체로 널리 쓰이고 있다. 성층권에 도달한 이 가스

뜨거운 지구를 살리자

는 자외선에 의해 분해되어 염소원자를 방출하는데, 이 염소원자 하나가 오존분자 10만 개 이상을 파괴하는 것으로 알려져 있다. 세계 각국은 프레온을 대체할 물질을 개발했는데, 수소불화탄소(HFCs), 과불화탄소(PFCs), 육불화황(SF6) 등이 그것이다.

그런데 이들은 온실가스를 구성하는 주요 성분으로서 지구온난화에 영향을 미치고 있다. 결국 오존층 파괴와 지구온난화는 상호 연결되어 있는 것이다. 예를 들어 육불화황(SF6)이 지구 온도를 올리는 정도는 이산화탄소보다 2만 배 이상 크다. 더욱이 이들은 일단 대기에 배출되면 짧게는 수십 년에서 길게는 수천 년 이상 머무른다.

오존층 파괴는 남극 상공에서 가장 심했으나 최근에는 북극에서도 나타나고 있으며, 이제는 열대 지역을 제외한 대부분의 지역에서 나타나고 있다. 우리나라도 한반도 상공의 오존량이 계속해서 줄고 있어 피부암 및 백내장 환자 수가 크게 증가하고 있다.

선진국들은 오존층 보호를 위해 1987년 오존층 파괴물질의 생산과 사용을 규제하는 '몬트리올 의정서'를 체결하여 1989년 1월부터 발효시켰다. 이로 인해 선진국에서는 1996년부터 프레온 가스의 생산 및 수입을 금지시켰고, 개발도상국도 1997년부터 단계적으로 감축하여 2010년부터는 사용이 완전 금지되었다. 이러한 노력으로 오존량은 2010년 이후 점차 회복되어 한때 5%에 달하던 오존층 파괴율은 2012년 기준 3.5%를 기록했다.

Democratization
Business
Solution
?!
Develop
80%
SUCCESS
Growth
15%
100%
50%
75%
Team work

3부

기후변화협약은 어떻게 전개되고 있는가?

기후변화협약의 탄생 배경과 전개 과정

산성비와 미세먼지, 아시아의 황
사 문제 등에서 보듯이 한 국가의 환경문제는 비단 자국에 그치
지 않고 이웃 국가에까지 피해를 준다. 이에 국제사회는 환경문제를
해결하기 위해 국가 간 협력의 필요성을 절감하게 되었다. 그 일환으
로 환경문제에 대한 논의와 협력증진을 위한 다양한 국제회의와 협
약이 이루어지고 있다. 이처럼 전세계 국가들이 공동으로 기후변화
대응에 본격적으로 나서기로 한 것은 지구온난화에 대한 경고를 더
이상 무시할 수 없다는 위기감 때문이었다.

환경문제를 논의한 최초의 국제회의는 1972년 6월 스웨덴 스톡홀
름에서 열린 '유엔 인간환경회의(UNCHE, United Nations Conference

뜨거운 지구를 살리자

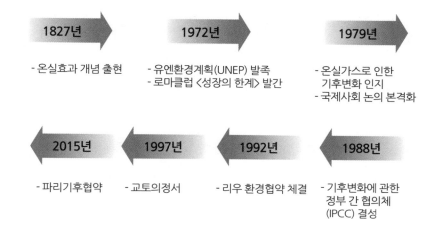

on the Human Environment)'이다. '하나뿐인 지구(Only One Earth)'라는 주제로 113개국이 참여한 이 회의에서 지구의 환경문제를 다루는 유엔 전문기구가 있어야 한다는 공감대가 형성되면서 '유엔환경계획(UNEP, The United Nations Environment Programme)'이 설립되었다. 이는 처음으로 지구 환경문제 해결의 이정표를 제시했다는 점에서 의의가 크다. 1987년 9월에는 오존층 파괴물질에 대한 규제를 목적으로 하는 국제협약인 '몬트리올 의정서(Montreal Protocol)'를 채택하고 오존층 보호를 위한 국제협력을 촉구했다.

이제 기후변화와 관련된 국제적 협력과 노력을 보다 구체적으로 알아보자. 1827년 지표면 온도를 높이는 '온실효과' 개념이 처음 제시된 이후 과학자들은 화석연료 사용 증가에 따른 이산화탄소 등

우리나라는 세계에서 에너지 소비증가율이 가장 높은 나라 중 하나다. 이의 시정을 위해서는 가격에 기반한 에너지 요금체계를 시행하는것이 중요하다.

의 배출로 지구가 더워진다는 경고를 꾸준히 했다. 유엔환경계획이 발족한 해와 같은 해인 1972년 서유럽 정치인·경제학자·과학자가 모인 국제 민간연구단체인 '로마클럽'은 〈성장의 한계(Limits to Growth)〉라는 보고서를 펴냈다. 자원과 환경은 무한하지 않으며 100년 안에 성장 한계에 다다르고 사회 시스템이 붕괴한다는 내용이었다. 화석 에너지를 지나치게 쓰면 지구 온도가 상승하고 기후가 변한다는 전망도 이 보고서에서 처음 등장했다.

이런 경고들이 위기로 바뀐 시점은 1979년이었다. 당시 각국은 온실가스로 인한 기후변화의 영향에 대해서 인지하고는 있었지만 일

뜨거운 지구를 살리자

단 지켜보자는 식의 정책을 펼치고 있었다. 그런데 미국 국립과학원 (NAS, National Academy of Sciences)이 발표한 보고서가 전세계에 경종을 울렸다. 온실가스가 기후변화에 미치는 영향을 파악한 이 보고서에서는 기후변화가 이미 심각한 지경에 이르렀다는 사실을 극명하게 보여줬다. 이후 지구온난화를 막기 위한 국제사회의 논의가 본격화되었다.

이런 논의는 유엔으로 옮겨갔다. 1988년 스위스 제네바에 UN 산하 기상기구로 '기후변화에 관한 정부 간 협의체(IPCC)'를 결성한 것이다. 이 기구는 세계기상기구(WMO)와 유엔환경계획(UNEP)이 공동으로 설립한 유엔 산하 국제협의체로, 기후변화와 관련하여 지구의 위험을 평가하고 국제적인 대책을 마련하는 곳이다.

이 협의체가 시행한 주요 활동 중 하나는 '교토의정서'의 이행과 관련한 문제들을 과학적·경제학적으로 분석하여 특별 보고서를 만드는 것이다. 이러한 기후변화 문제를 해결하기 위한 노력을 인정받아 '기후변화에 관한 정부 간 협의체(IPCC)'는 2007년 미국의 전 부통령 앨 고어(Al gore)와 함께 노벨평화상을 수상했다.

한편 1990년 제네바에서 열린 제2차 세계기후회의에서는 별다른 성과를 거두지 못했다. 그러다 1992년 6월, 브라질 리우데자네이루(Rio de Janeiro)에서 역사적인 '기후변화에 관한 국제연합 규약

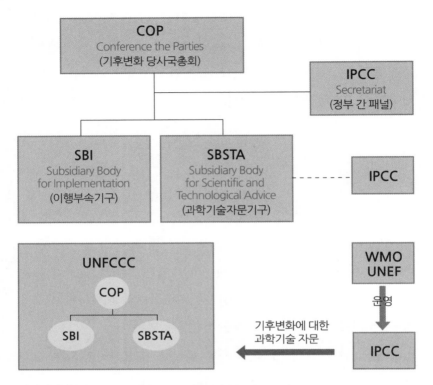

세계기상기구(WMO, World Meteorological Organization)
유엔환경계획(UNEP, United Nations Environment Programme)

기후변화협약에 관한 유엔 조직 구조

(유엔기후변화협약, UNFCCC, United Nations Framework Convention on Climate Change)'이 정식 체결되기에 이른다. 이를 통상 '리우 환경협약'이라고 부른다.

이후 50개국 이상이 가입해 발효조건이 충족되면서 1994년 3

월 21일부터 공식 발효되었다. 협약 최고의 의사결정기구는 당사국총회(COP, Conference of Parties)이며, 협약의 이행 및 과학·기술적 측면을 검토하기 위해 이행부속기구(SBI, Subsidiary Board of Implementation)와 과학기술자문 부속기구(SBSTA, Subsidiary Board of Scientific and Technological Advice)를 두고 있다.

하지만 이 리우 환경협약에는 구속력이 부여되지 않았고 강제할 수단도 없었다. 일종의 선언적이고 구호적인 협약이 만들어졌을 뿐이다. 당시 선진국들은 온실가스 배출량을 줄이기로 약속했지만 구체적 실천은 없었다. 이렇게 구속력과 강제력이 없는 협약에 대해 즉각적인 반발이 전세계 NGO와 시민사회를 중심으로 촉발됐다.

강력한 비판에 직면한 유엔기후변화협약은 5년 뒤인 1997년 일본 교토에서 열린 유엔기후변화협약 제3차 당사국총회(COP3)에서 보다 진전된 합의를 내놓았다. 이것이 바로 흔히들 말하는 '교토의정서(Kyoto Protocol)'이다. 이에 따르면 선진국들은 2008년부터 2012년까지 온실가스 배출량을 1990년보다 적어도 5.2% 감축할 것을 목표로 정했다. 감축의무가 구체화된 것이다.

하지만 교토의정서 역시 강력한 구속력을 발휘하지 못했다. 당시 최대 온실가스 배출국이던 미국이 자국산업 보호 등 이런저런 핑계로 협약을 끝내 비준하지 않았던 것에서 보듯이 일부 선진국의 이기주의가 팽배해 있었기 때문이다. 더욱이 점차 온실가스 배출대국으로 부상하던 중국과 인도 등을 비롯한 개도국들은 아예 온실가스 감축 의무에서 제외되었다. 이렇게 지지부진한 규약이었지만 목표 감축량을 제시하고 이를 이행하는 규약을 만들었다는 점에서 교토의정서는 분명 의미가 있었다.

한편 2012년 종료되는 교토의정서를 대신할 구속력 있는 새로운 협정이 필요하게 되었다. 그러나 선진국과 개도국의 입장 차이가 첨예하게 갈리면서 합의는 쉽지 않았다. 그런 가운데 2011년 남아프리카공화국 더반에서 열린 제17차 총회(COP17)에서는 교토의정서를 2017년까지 연장하기로 하고, 2015년 이후에는 모든 국가를 아우르는 법적 구속력 있는 신(新)기후체제를 적용키로 하는 합의를 이끌어냈다. 2012년 카타르 도하에서 열린 제18차 총회에서는 교토의정서 기한을 2020년까지 추가로 연장하는 데 합의했다. 2013년 헝가리 부다페스트에서 열린 당사국총회는 눈에 띌 만한 성과 없이 끝났다.

2014년 12월 페루 리마에서 열린 제20차 당사국총회는 제21차 파리 총회에서 채택할 신(新)기후체제를 앞두고 이루어진 중간 합의로서 일말의 성과를 거뒀다. 페루 회의에서는 처음으로 전세계 국가가 함께 온실가스 감축에 동참한다는 데 합의했다. 선진국과 개도국 간의 첨예한 견해차가 있었지만, 진통 끝에 '공통적이지만 차별화된 책임'이라는 합의문을 도출하면서 돌파구가 열렸다. 2015년 파리협정의 발판이 마련된 것이다.

뜨거운 지구를 살리자

마침내 2015년 12월, 프랑스 파리에서 196개국의 기후 관련 장관들이 모인 제21차 당사국총회는 새로운 기후변화협약을 성사시켰다. 이는 교토의정서가 만료되는 2020년 이후 모든 나라에 적용될 새로운 기후변화 대응체제가 확립되었다는 측면에서 중요한 의미가 있다.

　지구온난화와 기후변화는 이제 어느 한 나라만의 문제가 아니라 전지구적인 문제다. 모두 함께 힘을 모아 온실가스를 줄여 지구온난화를 막고 기후변화에 대응할 수 있도록 새로이 만들어진 이 신(新)기후협약을 성실히 준수해 나가야 할 것이다.

교토의정서에 담긴 주요 내용은?

지구온난화는 1972년 로마클럽 보고서에서 처음 공식적으로 지적됐다. 이후 1992년 6월, 브라질 리우 회의에서 지구온난화에 따른 이상기후 현상을 예방하기 위한 목적으로 '유엔기후변화협약(UNFCCC)'이 채택되었다. 그러나 이 협약은 구속력이 없는 선언적인 측면이 강했다.

그러다 1997년 12월, 일본 교토에서 개최된 제3차 당사국총회에서 2000년 이후 선진국의 온실가스 감축목표를 주요 내용으로 한 교토의정서가 채택되었다. 정식명칭이 '기후변화에 관한 국제연합 규약의 교토의정서(Kyoto Protocol to the United Nations Framework Convention on Climate Change)'인 이 교토의정서는 온실가스 감축에

대한 법적 구속력을 가진 첫
번째 국제협약 문서이다.

리우 기후변화협약이 전세
계 국가들의 기후변화 방지
노력에 대한 일반적인 원칙을
담고 있다면, 교토의정서는
이 목적을 달성하기 위한 구
체적인 온실가스 감축목표 수
준 및 설정 방식, 그리고 이행
을 담보하는 교토메커니즘을
도입한 구속력을 가진 국제협
약이다.

국내에서 열린 교토의정서 발효기념 심포지엄
현장.(2005. 2.16)

'교토의정서'의 의무이행

대상국은 기후변화협약 회원국 186개국 중 오스트레일리아 · 캐나
다 · 미국 · 일본 · 유럽연합(EU) 회원국 등 전세계 온실가스 배출
량의 55%를 차지하는 선진국 38개국이다. 이러한 의무감축 국가를
'부속서 I국가(Annex I)'라고 한다. '비부속서 국가(Non-Annex)'라고
불리는 대부분의 개발도상국은 온실가스 의무감축국은 아니었다.

의무감축 국가는 1990년을 기준으로 2008년부터 2012년까지 평균
5.2%의 온실가스 감축을 목표로 정했다. 나라별로는 유럽연합(EU) 15

개 회원국 8%, 미국 7%, 일본은 6%를 줄여야 한다. 당사국은 온실가스 감축을 위한 정책과 조치를 취해야 하며, 그 분야에는 에너지효율 향상, 온실가스 흡수원(吸收源) 및 저장원 보호, 신·재생에너지 개발 및 연구 등이 포함되어 있다. 이와 함께 삼림자원을 이산화탄소 등의 흡수원으로 인정하여 흡수량의 일부를 배출가스 감축량으로 인정했다.

이 교토의정서가 채택되기까지 온실가스의 감축목표와 일정, 개발도상국의 참여문제를 놓고 선진국 상호간, 선진국과 개발도상국 간의 의견차이로 심한 대립을 겪었다. 결국 당시 전세계 이산화탄소 배출량의 28%를 점하는 최대 배출국인 미국이 2001년 교토의정서에서 탈퇴했다. 이산화탄소 배출량이 많은 중국과 인도 등 개발도상국들이 온실가스 감축 의무에서 빠진 것을 탈퇴 이유로 내세웠으나, 사실은 자국 산업을 보호하기 위한 것이었다. 반면 러시아가 2004년 11월 협약을 비준함으로써 55개국 이상 서명해야 한다는 발효요건이 충족됨으로써 교토의정서는 2005년 2월 16일부터 발효되었다.

한편 우리나라는 2002년 교토의정서를 비준했으나, 1997년 당시 협약 상으로는 개발도상국으로 분류돼 온실가스 배출감소 의무가 유예되었다. 그러나 우리나라는 1990년~2000년 온실가스 누적 배출량 세계 11위, 1990년~2005년 배출 증가율은 99%로 경제협력개발기구(OECD) 국가 중 1위였다. 따라서 선진국들은 우리나라를 의무감축 대상에 포함시켜야 한다고 주장해 왔다.

이에 2009년 11월, 우리나라는 자발적으로 국가 온실가스 감축목표를 설정해 운용하겠다고 선언했다. 감축목표는 2020년까지 온실가스를 전혀 감축하지 않을 경우에 비해 30%를 감축하는 것이었다. 이어 2015년 6월에는 같은 해 12월에 있을 파리 협약에 대비하여, 2030년까지 전망 대비 37%를 감축하기로 선언했다. 아울러 2015년부터 탄소배출권 거래제도를 시행하고 있다.

교토의정서에는 지구온난화를 일으키는 주범을 이산화탄소로 규정했다. 온실가스에는 이산화탄소(CO_2), 메탄(CH_4), 아산화질소(N_2O), 수소불화탄소($HFCs$), 과불화탄소($PFCs$), 육불화황(SF_6) 등 6가지가 있다. 그러나 이 중 이산화탄소가 75~80%를 차지해 배출량이 가장 많은 물질이다. 이에 따라 교토의정서는 주로 이산화탄소(CO_2) 배출량의 규제에 초점이 맞춰져 국가별 목표 수치를 제시했다.

또 선진국의 온실가스 감축의무에 대한 효율적 이행과 신축성을 확보하기 위해 배출권 거래제도, 공동이행제도 및 청정개발체제 등 3대 신축성 체제(flexibility mechanism)를 도입했다. 이는 선진국들에 할당된 온실가스 감축 목표량을 자국의 노력만으로 달성하려면 막대한 비용이 소요되기 때문에, 온실가스 저감 비용을 최소화하기 위해 마련된 국제적인 협력 메커니즘이다.

이 중 '배출권 거래제도(ET, emission trading)'란 온실가스 감축의무가 있는 국가에 배출 쿼터(quota)를 부여한 후, 당초의 감축목표를 초과 달성하거나 미달했을 경우 다른 나라에 쿼터를 팔거나 살 수 있도록 한 제도이다. 공동이행제도(JI, joint implementation)는 선진국 기업이 다른 선진국에 투자해 얻은 온실가스 감축분의 일정량을 자국의 감축 실적으로 인정받을 수 있도록 한 제도를 말한다. 청정개발체제(CDM, clean development mechanism)는 온실가스 감축목표를 부여받은 선진국들이 개도국에 자본과 기술을 투자해 달성한 온실가스 감축분을 자국의 감축목표 달성으로 활용할 수 있게 하는 것이다. 선진국은 교토의정서에 합의한 배출 감축 약속을 비용을 덜 들이면서 효과적으로 이행할 수 있고, 개도국은 선진국의 투자를 통해 온실가스를 줄일 수 있다는 취지이다.

이후 '독자적 CDM(Unilateral CDM)' 방식이 통과되면서, 개도국이 스스로 온실가스를 줄이려는 노력을 기울이고 온실가스를 줄인 만큼 감축분을 판매할 수 있는 제도도 마련되었다. 개도국으로 분류된 우리나라도 독자적 CDM 방식을 통해 온실가스 감축사업을 진행함으로써 감축량을 인정받고 있다.

교토의정서는 법적 구속력이 있는 국제협약으로, 각국의 의무이행 여부를 감독하기 위한 의무준수위원회가 구성되었다. 또 1차 의무이행 기간인 2008년~2012년 기간 동안에 목표를 달성하지 못하면 벌칙을 받는다. 즉 2013년부터 시행된 2차 의무이행 기간 동안에 1차 때 채우지 못한 감축량의 1.3배와 2차 의무이행 목표를 한꺼번에 줄

　　　　　　　　　　　　　　　　　　뜨거운 지구를 살리자

여야 하는 것이다.

　그런데 다른 한편에서는 어렵게 성사된 이 교토의정서가 유명무실하다는 비판이 꾸준히 제기되어 왔다. 가장 큰 이유는 그 당시 온실가스 배출량 세계 1위였던 미국이 끝까지 '교토의정서'를 비준하지 않았기 때문이다. 그러다 보니 2011년 들어서는 캐나다까지도 이에 비협조적인 태도를 취했다. 여기에 현재 온실가스 배출량 세계 1위와 3위 국가인 중국과 인도를 비롯해 모든 개도국들은 감축의무가 없다는 점이 교토의정서의 걸림돌이다.

POST 교토의정서의 진행 과정은?

'교토의정서 이후'를 논의한 첫 국제회의는 2007년 인도네시아 발리에서 개최된 제13차 당사국총회(COP13)였다.

이 자리에서 교토의정서 1차 공약기간의 종료에 대비하여, 교토의정서에 불참한 선진국과 개도국까지 참여하는 Post-2012 체제를 2009년 덴마크 코펜하겐에서 개최될 제15차 당사국총회(COP15)에서 출범시키기로 합의했다. 그러나 감축목표나 개도국에 대한 재정지원과 같은 핵심쟁점을 둘러싸고 선진국과 개도국이 간극을 좁히지 못하면서 코펜하겐에서의 Post-2012 체제 출범은 좌초되고 말았다.

다행히 교토의정서 기한이 만료될 무렵인 2011년 12월, 남아프리카공화국 더반에서 열린 제17차 UN기후변화협약 당사국총회(COP 17)에서는 의미 있는 성과를 거두었다. 여기서 크게 세 가지 내용을 담은 '더반 결정문(Durban Outcome)'이 채택되었다.

첫째, 교토의정서 제1차 의무감축 공약기간(2008년~2012년)이 2012년에 만료되기 때문에, 2차 공약기간(2013년~2017년)을 설정해 2013년부터 최소한 5년은 교토의정서 체제를 유지하기로 했다.

둘째, '더반 플랫폼(Durban Platform for Enhanced Action)'이라 불리는 로드맵에 따라 새로운 규약이 개발되었다. '더반 플랫폼'의 골자는 세계 평균기온 상승을 2℃ 이하로 안정화시키기 위한 온실가스 감축목표에 관한 국제적 합의를 2015년까지 완료하고, 2020년 이후부터 발효시키는 것이다. 그리고 새로운 규약에는 선진국뿐만 아니라 개도국들도 포함된 전세계 모든 국가들을 참여시키기로 했다. 이에 따라 2012년 초부터 Post-2020 체제를 위한 협상이 2015년 타결을 목표로 시작되었다.

셋째, 2010년 12월 멕시코 칸쿤(COP16)에서 협의된 녹색기후기금(Green Climate Fund)의 기금설계 방안을 채택했다. 즉 2020년까지 최대 1,000억 달러를 마련한다는 것에 합의했다.

파리 협약은 선진국에만 온실가스 감축의무를 지운 1997년 교토의정서와는 달리 선진국과 개발도상국 모두 책임 분담을 하는 것으로, 전세계가 '기후재앙'을 막는 데 동참한다는 의미를 갖는다.

그러나 캐나다가 총회 폐회 다음날인 2011년 12월 12일 '교토의정서' 탈퇴를 선언했다. 캐나다는 '교토의정서'에 따라 1990년 대비 2012년까지 온실가스 배출량을 6% 감축해야 하지만, 2009년까지 오히려 17% 늘어 140억 달러의 벌금을 내야 할 상황이 되자 이러한 결정을 내린 것으로 보고 있다. 캐나다의 이런 조치는 국제사회로부터 "스스로와 미래 세대를 위해 국제적 노력을 이끌 도덕적 의무를 방기하는 무책임한 처사"라는 격한 비난을 받기도 했다.

이후 2012년 12월 8일 카타르 도하에서 열린 제18차 UN 기후변화협약 당사국총회(COP18)에서는, 교토의정서 제2차 공약기간의 종료 시기를 2017년이 아닌 2020년까지로 3년 더 연장하는 개정안 (Doha Amendment)을 채택했다. 그러나 기존의 교토의정서 불참국인 미국 외에도 일본, 러시아, 캐나다, 뉴질랜드 등이 제2차 공약기간에 불참을 선언했다. 이에 참여국들의 관리대상 온실가스 배출량은 전 세계 배출량의 약 15%에 불과해 그 의미가 퇴색된 협약으로 전락해 버렸다.

2013년 폴란드 바르샤바에서 개최된 제19차 당사국총회(COP)에서 당사국들은 2020년 이후의 '온실가스 감축목표(INDC, Intended Nationally Determined Contributions)'를 자체적으로 결정하고, 이를 2015년 프랑스 파리에서 개최되는 제21차 당사국총회(COP21) 훨씬 이전에 사무국에 제출키로 했다. 이와 함께 기후변화에 취약한 개도 국의 기후변화로 인한 손실과 피해에 대한 위험관리, 기구와 조직, 이해관계자 간 연계, 기술지원 등의 역할을 하는 별도의 집행위원회 (executive committee)를 설치하는 내용의 '바르샤바 국제 메커니즘 (Warsaw international mechanism for loss and damage)'을 논의했다.

신(新)기후변화협약의 협상타결 시한을 1년 앞둔 2014년 12월, 페루 리마에서 개최된 당사국총회(COP20)에서는 국가별 자발적 온실가스 감축목표(INDC)의 제출 절차 및 일정을 규정하고, 기여공약에 반드시 포함되어야 할 정보 등에 관한 '리마 선언(Lima Call for Climate Action)'을 채택했다. 또 2015년 합의문(2015 Agreement)의 주요 요소가 제시되었다.

페루 리마 회의에서는 처음으로 전세계 국가가 함께 온실가스 감축에 동참한다는 데 합의했다. 선진국과 개도국 간의 첨예한 견해차가 있었지만, 진통 끝에 '공통적이지만 차별화된 책임(common but differentiated responsibility)'이라는 합의문을 도출했다. 이로써 2015년 말 파리에서 개최된 제21차 당사국총회(COP21)에서 신(新)기후협약을 타결하기 위한 기반이 마련되었다.

뜨거운 지구를 살리자

파리 기후협약의 성사 배경과 주요 내용

교토 협약이 종료되는 2020년 이후 적용될 새로운 기후변화 대응체제인 '파리 기후협약(The Paris Agreement)'이 2015년 12월 12일 프랑스 파리에서 막을 내린 제21차 UN 기후변화협약 당사국총회(COP21)에서 진통 끝에 채택되었다.

이번 파리 기후협약이 채택되기까지는 그동안 기후변화협약에 비협조적이던 미국이 오히려 주도적인 역할을 했다. 이는 미국 오바마 대통령의 신기후변화협약에 대한 특별한 관심과 의지에 힘입은 바 크다. 오바마 정부는 지구상 모든 국가가 자발적인 이산화탄소 감축 목표를 2015년 9월까지 UN에 보고하고, 이를 토대로 11월 30일 개막하는 파리 당사국총회(COP21)에서 국제적 합의를 이끌어낸다는

계획 아래 정지작업을 벌여왔다. 오바마 대통령은 2014년 11월, 중국 시진핑 국가주석과 공동으로 감축계획을 선언하는 합의를 이끌어냈다. 세계를 이끄는 양 강대국의 공동선언을 시작으로 유럽연합-중국, 미국-브라질, 프랑스-중국 등의 양자간 공동선언이 이어졌다. 그리고 마침내 신(新)기후변화제제가 출범하게 된 것이다.

파리 협약은 선진국에만 온실가스 감축의무를 지운 1997년 교토 의정서와는 달리 선진국과 개발도상국 모두 책임 분담을 하는 것으로, 전세계가 '기후재앙'을 막는 데 동참한다는 의미를 갖는다. 이에 따라 관리대상이 전세계 온실가스 배출량의 90% 이상에 달해, 20%

뜨거운 지구를 살리자

에도 미치지 못한 교토 협약과 비교할 때 크게 진전된 국제기후협약이라는 평가를 받고 있다. 따라서 이를 '신(新)기후체제'라고 부른다.

파리 기후협약 협정문의 주요 내용은 다음과 같다.

첫째, 국제사회 공동의 장기목표로 21세기 말인 2100년까지 산업화시대 이전 대비 지구 평균기온 상승폭을 2℃ 아래로 유지하는 것을 목표로 1.5℃까지 제한할 수 있도록 노력한다고 제시했다. 또한 글로벌 차원의 조속한 온실가스 배출 정점 도달을 목표로 하되, 개도국은 정점 도달에 시간이 더 소요된다는 점을 인정했다. 다만, 감축목표 달성에서 각국의 다양한 여건을 감안하고, 공통의 그러나 차별화된 책임과 각국의 상이한 역량을 고려했다.

둘째, 감축목표 방식은 당사국이 스스로 정해 제시하는 방식을 채택했다. 즉 모든 당사국은 스스로 결정한 '자발적 온실가스 감축목표(INDC, Intended Nationally Determined Contribution)'를 제시하고 이를 이행해 나가야 한다. 그리고 5년마다 그 이행 여부를 점검받고, 더 강화된 새 목표를 5년마다 제출해야 한다. 전세계 모든 나라가 온실가스 감축의무를 지게 됨에 따라 모든 당사국들은 국가별 온실가스 감축목표를 5년마다 정기적으로 제출해야 한다. 감축목표는 이전에 제출한 것보다 진전된 것이어야 하고, 최고 수준의 의욕을 반영하도록 했다. 한마디로 후퇴금지 원칙이다.

다만, 감축유형에 대해서는 선진국은 절대량 방식을 유지하되 개도국은 국가별 여건을 감안하도록 하는 유연성을 부여했다. 우리나라가 제출한 감축유형은 절대량 방식이 아닌 전망치 대비 감축방식인 BAU 방식이다.

지금까지 제시된 주요국들의 자발적 온실가스 감축목표(INDC)는 다음과 같다. 미국은 2025년까지 온실가스 총배출량을 2005년보다 26~28%, 유럽연합(EU)은 2030년까지 40%, 일본은 2030년까지 26%를 각각 감축한다는 목표치를 제시했다. 또한 전세계 온실가스 배출량의 30% 가까이 차지하는 중국은 2030년 국내총생산(GDP) 단위당 온실가스 배출량을 2005년보다 60~65% 감축할 것을 제시했다.

셋째, 당사국들이 제시한 온실가스 감축목표를 실현하기 위해 강력한 이행 및 점검체계를 구축하기로 했다. 즉 5년 단위로 파리 기후협약 이행 전반에 대한 국제사회 공동 차원의 종합적인 이행점검(Global Stocktaking)을 도입해 2023년에 이를 처음 실시한다.

당초 각국이 제시한 감축목표 자체에 법적 구속력을 부여하자는 강력한 입장도 제기됐으나, 이 방안에 대해서는 미국 등 많은 나라가 반대하면서 채택되지 않았다. 대신 각 국가가 제출한 감축목표를 5년마다 평가(review)하는 이행점검체계를 도입했다. 이는 각 나라의 감축목표를 모두 취합한 뒤 이것이 지구의 온도 상승을 2℃ 이하, 궁극적으로는 1.5℃ 이하로 억제할 수 있는지를 평가하기 때문에, 모든 나

뜨거운 지구를 살리자

라에 더 진전된 감축목표를 제출토록 하는 압력으로 작용할 것이다.

파리 협정은 55개국 이상의 국가가 비준하고, 그 국가들의 국제기준 온실가스 배출량 총합 비중이 전세계 온실가스 배출량의 55% 이상이 되면 발효된다. 이를 위해 2016년 4월 22일 미국 뉴욕에서 유엔 사무총장 주재로 파리 기후협약에 대한 고위급 협정 서명식이 개최되었다. 이날로부터 1년간 각국의 서명을 받을 예정인데, 당일에만 170여개국이 서명했다. 이는 그만큼 기후변화 대응의 필요성을 국제사회가 심각하게 받아들이고 있음을 방증한다. 서명은 채택된 조약문의 확정을 위한 의사표시이며, 서명한 나라들은 국회비준 등 자국 내에서 필요한 절차를 거쳐야만 비로소 협약이 발효하게 된다.

한편 이번 파리 협정이 기존의 협약들과 차별화되는 점은 다음과 같다.

우선 세계의 모든 나라들이 참여했다는 점이다. 기존의 교토 협약은 선진국들에게만 이산화탄소 감축의무를 지웠다. 그러나 파리 협약은 중국과 인도를 비롯한 모든 개도국들도 자발적 감축의무 대상국으로 동참했다. 그 대신 선진국들은 이에 상응하는 재정과 기술 지원을 약속했다. 이에 따라 선진국은 2020년부터 2025년까지 매년 개도국에 1,000억 달러 이상을 지원하기로 했다. 이 밖에도 협정은 기술이전, 교육, 적응 방안 등에 대한 여러 가지 규정을 담고 있다.

다음으로는 목표치를 단순히 하향적으로 할당받는 것이 아니라 각국의 산업계에서 정부로, 정부에서 국제사회로 상향적인 목표를 상의하고 공표하는 것이다. 또 다른 하나는 단순히 온실가스 감축에만 초점을 맞췄던 것 이상으로 감축·적응·기술이전 등 포괄적인 대응을 요구하고 있다는 점이다. 한 예로서 UN 기후변화협약의 탄소시장 외에 당사국 간의 탄소배출 감축거래도 인정하는 등 다양한 형태의 국제 탄소시장 메커니즘 설립에 합의했다.

〈1997년 교토의정서와 2015년 파리 기후협약 비교〉

	1997년 교토의정서	2015년 파리 기후협약
대상국가	주요 선진국 38개국	196개 당사국
적용시기	2020년까지 기후변화 대응방식 규정	2020년 이후 신(新)기후체제
주요내용	- 온실가스 총배출량을 1990년 수준 보다 평균 5.2% 감축 - 선진국에만 온실가스 감축의무 부여	- 지구 평균온도 상승폭을 산업화 이전과 비교해 1.5℃까지 제한 - 2020년부터 개발도상국가의 기후변화 대처 사업에 1,000억 달러 지원 - 2023년부터 5년마다 탄소 감축상황 보고
우리나라	감축의무 부과되지 않음	2030년 배출전망치(BAU) 대비 37% 감축목표

이처럼 어렵게 성사된 파리 기후협약이지만 이에 대한 비판과 성사 가능성에 대한 우려가 없지 않다. 우선, 제시한 목표를 달성하기가 쉽지 않다는 점이다. 지구 온도는 이미 산업화시대에 비해 1℃ 정

뜨거운 지구를 살리자

도 올라가 있다. 따라서 앞으로 남아 있는 마지노선은 1℃에 불과한 만큼 목표달성이 어려울 것이라는 이야기다. UN에 따르면 2100년까지의 기온상승 폭을 2℃로 제한하기 위해서는 이산화탄소 농도를 많아도 450ppm까지는 제한해야 한다. 그런데 2015년 3월, 이미 400ppm을 초과했기에 사실상 실현 불가능하다는 것이다. 더욱이 과학자들은 지금부터 이산화탄소 배출량을 제로(0)로 해도 기존의 온실가스 때문에 지구 온도가 더 상승할 것으로 전망하고 있다.

또 다른 비판은 세계 온실가스 배출국 1위와 2위국인 중국과 미국의 감축목표 규모가 유럽연합(EU) 등 다른 선진국에 비해 상대적으로 미흡하다는 것이다. 특히 이번 협상을 주도했던 미국의 감축목표가 달성될지 불확실하다. 이는 미국의 정치지형과 연관이 있다. 공화당은 전통적으로 산업계의 입장을 대변하고 있는데 이번 파리 협정에 대해서도 경제가 침체되고 일자리가 줄어든다며 반대하는 입장을 취했다. 이에 오바마 민주당 정부가 추진해 온 탄소감축 조치들은 의회의 반대에 부딪칠 가능성이 없지 않다.

온실가스를 많이 배출하는 나라들

산업혁명 이후 온실가스, 즉 이산화탄소 배출량은 크게 증가해 왔다. 이로 인해 지구온난화와 기상이변 현상이 지구촌을 괴롭히고 있다.

국제사회에서는 이 문제의 심각성을 인식하고 이를 진정시키기 위한 노력의 일환으로 국제기후협약을 만들었다. 그 첫 번째 구체적인 작품이 1997년 성사된 교토의정서이다. 그러나 교토의정서는 당시 들어선 미국의 부시 행정부가 이를 비준하기 어렵다며 탈퇴를 선언하면서 거의 유명무실해졌다. 이처럼 교토의정서 체제가 표류하는 동안 화석연료 사용은 폭발적으로 늘어났다. 중국과 인도 등 인구 대국이 산업화 대열에 합류했기 때문이다. 인류는 석유를 기반한 전기와 자동차 문명의 달콤함에 더욱 깊이 빠져들어 갔다.

중국은 산업화가 급속히 진전되었고 마침내 '세계의 공장'으로 부상하게 되었다. 특히 굴뚝산업이 번창하면서 매연과 환경오염 문제가 심각해졌고, 게다가 자동차 보유 대수도 빠르게 늘어났다. 그 결과 세계에서 온실가스를 가장 많이 배출하는 국가가 되었다.

   그동안 선진국들이 온실가스를 많이 배출해 왔다는 사실은 아무도 부인하지 않는다. 이를 뒷받침이라도 하듯 2015년 말 영국 구호단체 옥스팜(Oxfam)은 부자국가일수록 온실가스 배출량이 많다는 사실을 밝히는 보고서를 내놓았다. 이 보고서에 따르면, 세계 소득상위 10%가 전세계 온실가스의 절반가량을 배출하며 소득하위 50%는 10%만 배출하고, 또 소득 최상위 1%의 탄소 배출량이 최하위 10%보다 175배나 많다고 지적했다. 그리고 부자와 탄소를 많이 배출하는 사람들이 어느 곳에 살든 탄소 배출에 대한 책임을 져야 한다고 강조했다.

그러나 최근에는 개발도상국의 온실가스 배출량이 빠르게 증가하고 있다. 중국의 이산화탄소 배출량은 2000년대 중반을 넘어서면서 미국을 앞질러 세계 최대의 이산화탄소 배출국이 되었다. 'Make in India'라는 기치를 내걸고 세계의 공장을 자처하고 나선 인도도 미국에 이어 세계 제3위 이산화탄소 배출국으로 부상했다. 인도는 2014년에도 세계 전체 증가율이 0.5%에 불과한 가운데 7.8%의 매우 높은 증가율을 보였다. 우리나라 또한 이산화탄소 배출량이 빠르게 늘어나고 있다.

그러면 세계에서 가장 온실가스를 많이 배출하는 나라는 어디일까? 전세계 국가별 온실가스 총배출량을 집계한 공식통계는 없다. 그래서 국제에너지기구(IEA, International Energy Agency)가 산정하는 연료연소에 의한 이산화탄소 배출량(CO_2 emissions from fossil fuel combustion) 통계를 활용했다.

에너지 분야 연료연소에 의한 이산화탄소 배출량은 대부분의 국가에서 국가 온실가스 총배출량의 90%를 웃도는 수준이다. 이 자료에 따르면 세계의 공장인 중국이 단연 세계 최대의 이산화탄소 배출국이다. 2013년 기준 중국이 세계 전체 이산화탄소 배출량의 약 28% 정도를 차지해서 세계 1위이고, 미국이 16%로 2위, 다음으로

뜨거운 지구를 살리자

인도 · 러시아 · 일본 · 독일 · 한국 · 캐나다 · 이란 · 사우디아라비아가 뒤를 잇는다. 미국과 중국 두 나라의 이산화탄소 배출량이 세계 전체의 약 절반을, 또 상위 10대 국가들의 이산화탄소 배출량이 216억 톤에 달해 세계 전체 배출량인 322억 톤의 약 67%를 차지하고 있다.

1997년 교토의정서가 탄생하던 시점 당시만 해도 이산화탄소를 가장 많이 배출하는 국가는 단연 미국이었다. 당시 미국은 세계 전체 온실가스 배출량의 28%를 차지했다. 그러나 이후 에너지 합리화정책 추진, 2010년부터 시행한 온실가스 배출량 보고 의무화제도 등을 통해 온실가스를 줄여나갔다. 이에 따라 미국의 2012년 이산화탄소 배출량은 2007년에 비해 10.9% 줄어들었다.

중국은 2000년대 중반부터 세계 최대 온실가스 배출국이 되었다. 이산화탄소 배출량이 지난 20년간 3배 정도 증가해 전세계 이산화탄소 배출량의 1/4을 웃도는 수준이다. 이는 급속한 경제성장과 산업화로 이산화탄소 배출량이 연간 약 15~17%씩 꾸준히 증가한 결과이다. 중국은 산업화가 급속히 진전되었고 마침내 '세계의 공장'으로 부상하게 되었다. 특히 굴뚝산업이 번창하면서 매연과 환경오염 문제가 심각해졌고, 게다가 자동차 보유 대수도 빠르게 늘어났다.
특히 수도인 베이징 근교에서 이런 현상이 두드러졌다. 미세먼지와 스모그 현상이 심각해지자 사상 최초의 기상경보를 울리기도 했다. 이러한 우려 속에 중국은 최근 들어 신규 석탄발전소 설립을 금지하는 등 화석연료 사용을 줄여나감으로써 환경오염 방지와 온실가스 줄이기 노력을 강화해 나가고 있다. 이에 2014년 온실가스 배출 증가율은 미국과 같은 0.9%에 그쳤다.

이에 비해 유럽 국가들은 일찍부터 지구온난화 방지와 온실가스 축소 문제에 대해 깊은 관심을 가지고 적극 대응해 왔다. 교토의정서에 따른 약속도 충실히 이행해 오고 있다. 그동안 미국을 비롯한 일본, 캐나다 등 선진국들은 1997년 만들어진 교토의정서에 대해 비준을 하지 않거나 비준을 해놓고도 더 이상 협정문 내용을 지키기 어렵다며 탈퇴하기도 했다.

그러나 유럽 국가들은 계속 이를 지켰다. 교토의정서 이행을 위한 핵심수단으로 도입한 탄소배출 거래제도도 비교적 잘 운영해 오고 있다. 그 결과 온실가스 배출량은 꾸준히 감소하고 있으며, 2014년에는 5.4%를 줄였다. 유럽연합 국가들은 파리 기후협약에도 매우 적극적으로 참여했다. 지구 온도 상승제한폭을 당초의 2℃에서 1.5℃까지 낮추자는 몰디브와 투발루 등 섬나라들 입장을 지지하면서 파리 협약을 성사시켰다.

한편 우리나라는 2013년 기준 세계 온실가스 배출 순위 7위, 최근

100년간 누적 배출량 16위, 1인당 배출량 OECD 국가 중 6위로 온실가스를 많이 배출하는 나라 중 하나이다. 또 1990년~2000년 온실가스 누적 배출량 세계 11위, 1990년~2005년 온실가스 배출 증가율 99%로 OECD 국가 중 1위였다. 그럼에도 우리나라는 개도국으로 분류되어 온실가스 의무대상국이 아니었다. 이에 많은 선진국들은 한국을 의무감축 대상국에 포함시켜야 한다고 주장해 왔다.

국제에너지기구(IEA) 자료를 보더라도 우리나라의 2013년 이산화탄소 배출량은 1990년에 비해 147.0% 늘었다. 같은 기간 세계 배출량은 56.1% 증가했고, OECD 유럽 국가들은 오히려 8.9% 줄었다.

주요국의 이산화탄소 배출 규모(단위 : 억 톤)

자료 : IEA(2013년 기준, 2015 edition)

1인당 이산화탄소 배출량 또한 우리나라는 11.9톤으로, OECD 34개 회원국 평균 9.7톤 보다 22.4% 많았다. OECD 회원국 가운데 한국은 룩셈부르크·호주·미국·캐나다·에스토니아 등에 이어 6번째로 1인당 이산화탄소 배출량이 많은 나라다. 전세계 1인당 이산화탄소 평균 배출량은 4.5톤이다. 우리나라의 1인당 이산화탄소 배출량은 1990년만 해도 5.9톤 수준이었는데, 이후 20여 년간 가파르게 증가했다.

또 국제에너지기구(IEA)가 각국이 파리 기후회의에 제출한 온실가스 감축계획을 토대로 2030년 1인당 이산화탄소 배출 전망치를 계산해 본 결과, 우리나라(9.4t)는 러시아(12t), 미국(10.9t)에 이어 세계 3위로 전망됐다. 그 뒤를 중동(8.2t), 일본(7.3t), 중국(7.1t) 순이었다. 우리나라의 전망치는 유럽연합(4.7t)의 2배, 인도(2.1t)의 4.5배나 된다.

뜨거운 지구를 살리자

기후변화 협상에 임하는 각국의 입장

지금까지의 기후변화 협상 역사를 보면, 선진국과 개도국의 책임 문제를 어떻게 차별화할 것인지가 최대의 걸림돌이었다.

기후변화 협상은 진행될 때마다 언제나 난항을 겪었다. 미국과 일본 등 선진국들은 왜 자기만 희생 대상이 되어야 하느냐며 불만을 표출했다. 반면 중국과 인도 등 신흥국들은 선진국들이 산업화 과정에서 온실가스를 대량으로 발생시킨 주범이므로, 이들이 전적으로 책임질 문제라고 반발했다.

이런 분위기 속에서 1997년 탄생한 교토의정서는 선진국들에게 온실가스 감축의무를 지웠지만 미국은 이를 외면했고, 중국과 인도 등 에너지 사용량이 급증하던 신흥국들은 감축의무 대상에서 제외되었다. 자연히 교토의정서 체제는 한계를 가질 수밖에 없었다.

당시 미국은 공화당과 부시 행정부가 8년간 집권하면서 미국은 번번이 국제기후변화 체제의 발목을 잡았다. '기후변화에 관한 정부 간 협의체(IPCC)'의 보고서에 대해 트집 잡고, 기후변화 위험이 과장되었다며 평가절하했다. 이후 버락 오바마 대통령의 민주당 정부가 들어서면서 협력 쪽으로 방향을 바꿨지만 미국경제가 주저앉으면서 기후변화 문제는 뒷전으로 밀렸다. 중국은 중국대로 '선진국들의 역사적 책임'을 주장하며 기후변화 회의 때마다 개도국 진영의 선두에 서서 감축목표 부과를 거부했다.

2009년 12월 덴마크 코펜하겐에서 열린 기후변화협약 당사국총회(COP15) 때도 중국과 선진국은 이 문제로 격돌했다. 하지만 이듬해 멕시코 칸쿤 총회(COP16) 때부터 중국은 태도를 바꾸었다. 온실가스 감축목표치에 대한 강제 부과는 거부했지만 자체적으로 배출량을 줄이겠다는 입장을 보인 것이다. 그러나 나머지 개도국들은 여전히 기존의 입장을 고수했다.

이러한 선진국과 개도국 간의 평행선은 2011년 남아프리카공화국 더반(COP17)에서 열린 당사국총회에서 돌파구가 마련되었다. 여기서 선진국과 개도국이 모두 참여하는 새로운 기후체제를 2020년 이후 출범시키기로 극적으로 합의하면서 접점을 찾기 시작했다. 이로

뜨거운 지구를 살리자

써 온실가스 감축을 두고 선진국에게만 책임을 묻는 방식에서 벗어나 세계 모두가 머리를 맞대게 됐다. 마침내 2015년 12월 파리 기후회의가 개최되고 역사적인 타결을 보게 된 것이다.

그러나 파리 협상 진행 과정에서도 선진국과 개도국 간의 온실가스 배출 책임분담 문제에 대한 의견충돌은 적지 않았다. 개도국들은 선진국들이 훨씬 오래 온실가스를 배출해 왔으므로 감축에도 더 많은 책임이 있다고 주장했다. 과거 산업화 과정에서 화석연료를 무분별하게 사용한 선진국이 현재의 환경 위기를 불러왔다며 선진국이 탄소배출 축소 등 대응의무를 개도국보다 더 많이 부담해야 한다고 강조했다. 또 오염이 적은 재생에너지로 옮겨가도록 선진국이 개도국에 대한 재정적 지원을 요구했다.

다행히 개도국들의 이러한 주장을 선진국들이 상당부분 수용한 결과 협상에 진전이 있어 협정문 작성이 성사된 것이다. 특히 협상 과정에서 미국이 리더십을 발휘했고 중국 또한 적극적으로 협조함으로써 협상 타결에 크게 기여했다.

그러면 그동안 기후협약에 미온적이던 미국과 중국 양국이 이처럼 새로운 기후협약에 적극적으로 나선 이유는 무엇이었을까? 우선, 미국 민주당 정부는 공화당에 비해 상대적으로 기후협약에 우호적인 입장을 견지해 왔다는 점을 꼽을 수 있다. 두 번째는 중국과 인도 등 온실가스 과다배출국이자 개발도상에 있는 나라들이 협상에 참

파리 협상에 가장 적극적이었던 나라들은 다름 아닌 태평양과 인도양 망망대해 한가운데 위치한 작은 섬나라들이었다. 이들은 지금과 같은 속도로 지구온난화가 지속된다면 머지않아 나라가 바다에 가라앉을 수도 있는 위기의 나라들이다.

여함에 따라 더 이상 미국이 불참할 명분이 없어졌다는 점이다. 세 번째는 미국 내에 대량 부존되어 있는 셰일가스 개발이 활발하게 이루어지고 있고 경제성도 확인되면서 화석연료 사용을 줄일 수 있다는 자신감을 갖게 된 점이다.

　중국 또한 이번 합의에서 2030년 무렵부터 탄소배출량을 동결한다는 목표를 제시했다. 경제를 키울 시간을 벌면서 국제사회에 중국의 이미지를 개선하는 효과를 노린 것이다. 대기오염이 경제발전에 직접적 장애가 될 정도로 심각해진 것도 원인이 되었을 것으로 보인다.

　　　　　　　　　　　　　　　　　　　뜨거운 지구를 살리자

한편 이번 파리 협상에 아주 적극적으로 나선 나라들이 있는가 하면 반대로 매우 소극적으로 임한 나라들도 있었다. 우선, 적극적이었던 나라들은 태평양과 인도양 망망대해 한가운데 위치한 작은 섬나라들이었다. 이들에게 기상이변 현상을 방지하는 것은 생존이 걸린 문제였기에 말 그대로 생존을 위해 협상에 나서고 있었다.

경제력이나 군사력 면에서 아무것도 가지지 못한 약소국인 이들 도서국가들은 국제사회의 주요 이슈에서도 전혀 발언권을 갖지 못하고 있다. 그러나 이번 UN 기후변화 회의에서만큼은 큰 목소리를 냈다. 대부분의 국가들이 기후변화 문제를 경제적 비용이라는 측면에서 접근했지만, 이들 작은 섬나라들은 달랐다. 이들은 해수면 상승으로 이미 일부 해안이 물에 잠기고 식수 오염으로 삶에 위협을 받고 있어 이번 회의 결과에 따라 국가 존망이 걸려 있었다. 이에 그들은 필사적으로 매달렸던 것이다.

이들 섬나라들의 눈물겨운 노력은 실제로 몇 가지 성과를 얻어냈다. 우선, 기온상승 억제 목표를 더 강화하는 결과를 이끌어냈다. 당초에는 "기온 상승을 섭씨 2℃ 이하로 억제하는 것을 목표로 한다."는 문구에 합의가 이루어질 것처럼 보였다. 그러다 "기온이 섭씨 2℃만 상승해도 국가 존립이 위협받는다."는 섬나라들의 호소를 받아들여 섭씨 1.5℃ 이하의 기온 상승으로 억제해야 한다는 단서가 마지막 순간 협정서 문안에 첨가되었다.

이와 함께 온실가스 감축목표의 달성을 담보하기 위한 강력한 이행상황 점검체계를 구축할 수 있었다. 이들 섬나라들은 온실가스를 많이 배출하는 나라들이 온실가스를 감축하겠다고 '약속'만 할 것이 아니라, 약속을 강제할 수 있는 국제적 구속력을 부과하라고 요구했다. 그러나 미국과 중국 등 온실가스 배출 대국들은 각국이 자발적으로 제출한 '자발적 온실가스 감축목표(INDC)'에 국제법적 구속력을 부과하기보다는 국내법을 마련해 감축목표 이행을 독려해야 한다는 입장을 보였다. 결국 타협안으로 5년마다 약속이행 상황을 점검하는 한편, 그 이후에는 당초안보다 더 상향된 감축목표를 제시하도록 하는 강력한 사후관리체제를 마련하기로 했다.

그런데 수몰 위기에 직면한 이들 섬나라 주민들의 상황은 충분히 이해하면서도 이들의 요구를 모두 지지하지 못하는 나라들도 있었다. 무엇보다 석유 수출에 의존해 사는 중동 산유국은 석유 소비가 줄어드는 것을 원치 않았다. 또 온실가스 배출 감축이 경제성장 둔화를 부를 것을 우려하는 신흥개도국들에게도 이번 협상이 별로 달갑지 않았을 것이다.

이 밖에도 러시아와 캐나다 같은 나라들이 협상에 미온적인 태도를 보였다. 세계 4대 온실가스 배출국이자 그동안 서방세계에 비협조적인 태도를 취해온 러시아는 그렇다 치더라도 캐나다까지 왜 그랬을까? 여기에는 몇 가지 이유가 있다. 이들 두 나라는 산유국이다.

뜨거운 지구를 살리자

또 국토면적은 넓지만 대부분이 얼음에 덮인 동토여서 앞으로 만약 온실가스 영향으로 기온이 오르면 자국에는 오히려 도움이 되리라는 생각을 가졌을 것으로 분석하기도 한다.

파리 기후협약이 우리에게 주는 의미, 그리고 우리가 할 일

파리 기후협약은 기존의 교토 협약과는 달리 선진국뿐만 아니라 개도국을 포함한 모든 국가에게 온실가스 감축의무가 지워졌다. 따라서 우리나라도 당연히 의무 감축 대상국에 포함되었다.

우리나라는 당초 선진국들의 진행 상황을 지켜본 뒤 2015년 9월 즈음에 국가별 자발적 온실가스 감축목표(INDC)를 제출할 예정이었다. 다른 나라의 사정을 봐가면서 수위를 조절한 뒤 마감날짜가 임박했을 때 제출하려는 전략이었다. 그러나 교토의정서 당시와는 달라진 우리나라의 위상과 아울러 세계 7위의 이산화탄소 배출국이라는 점을 고려하여, 2015년 6월 말까지 온실가스 감축목표를 제출하는 것으로 시일을 앞당겼다.

뜨거운 지구를 살리자

세계 각국이 유엔에 제출한 자발적 온실가스 감축목표(INDC)에서 사용하는 감축목표 설정방식은 크게 두 가지로 나뉜다. 하나는 '기준연도 방식'이고, 다른 하나는 '배출전망치(BAU, Business As Usual) 방식'이다. 기준연도 방식은 선진국들이 활용하는 방식으로, 예를 들면 "목표연도인 2030년에는 온실가스를 2005년 대비 얼마를 감축하겠다."라는 식이다. 비교대상이 있기에 감축목표가 보다 구체적이고 확실한 편이다.

이에 비해 BAU 방식은 온실가스를 줄이려는 노력을 하지 않고 지금과 같이 온실가스를 배출한다면 특정시점에서 배출할 것으로 예상되는 온실가스 배출량 추정치를 가정하고, 이를 일정비율 줄이는 방식이다. 우리나라는 주로 개발도상국들이 활용하는 이 BAU 방식을 채택하기로 했다.

우리나라는 "2030년까지 온실가스 배출예상치(BAU) 대비 37%를 감축하겠다."는 감축목표(INDC)를 2015년 6월 UN에 제출했다. 이는 쉽게 설명하면 2030년까지 이산화탄소 배출량을 규제하지 않으면 100으로 늘어나는데, 2030년 실제 배출량이 63이 되도록 감축하겠다는 것이다. 더욱이 정부는 국내 산업에 미칠 영향을 최소화하기 위해 37% 중 25.7%포인트만 국내에서 감축하고, 나머지 11.3%포인트는 국제 탄소시장을 활용해 감축하겠다고 밝혔다. 다른 나라에 온실가스 감축시설을 지어주거나 숲을 조성해 준 뒤 그로 인한 온실가스 감축분만큼의 배출권을 사오겠다는 것이다.

우리나라는 2030년이 되면 온실가스 배출전망치가 현재 약 7억 톤 정도에서 8억 5,000만 톤 정도까지 증가할 전망이다. 이 8억 5,000만 톤이 바로 BAU다. 여기에서 37%, 그중에서도 국내에서 25.7%를 줄인다면 약 2억 2,000만 톤 정도가 된다. 결국 이 2억 2,000만 톤을 2030년에는 국내에서 줄여야 한다는 산식이 나온다.

하지만 국제탄소시장(IMM, International Market Mechanism)을 활용해도 될지는 아직 확정되지 않았다. 베네수엘라 등 일부 개도국은 그런 제도 도입 자체를 반대하고 있기 때문이다. 이들은 외국기업이 자국에 환경설비를 투자해 지배권을 행사하는 데 대해 거부감을 갖고 있다. 만일 국제시장을 활용하지 못하면 감축목표 37%를 모두 국내에서 줄여야 한다.

이러한 정부의 감축목표에 대해 산업계와 환경단체 모두가 불만을 나타내고 있다. 산업계는 우리가 굳이 개도국 중 가장 높은 수준의 감축비율을 제시할 필요가 없으며, 이렇게 높은 기준을 설정할 경우 산업경쟁력이 크게 훼손될 우려가 있다는 것이다. 이에 비해 환경단체는 우리나라 온실가스 감축목표가 국제적 위상에 걸맞지 않을 뿐만 아니라 산업의 장래방향도 고려하지 않고 있다며 비판하고 있다. 이를 좀더 구체적으로 살펴보면 다음과 같다.

뜨거운 지구를 살리자

우선 무엇보다도 우리나라의 온실가스 감축목표가 지나치게 보수적이라는 점이다. BAU는 추정치이기 때문에 계산하는 방식에 따라서 달라질 수 있으며, 손쉽게 부풀려질 수 있다는 문제가 있다. 더욱이 중국까지 선진국들이 활용하는 기준연도 대비 감축방식을 채택하고 있기에 비판의 여지는 더 크다.

만약 BAU를 부풀린다면 아무리 높은 감축목표를 적용한다 하더라도, 실질적 감축량은 크지 않을 수 있다. 눈속임 효과를 낼 수 있다는 것이다. 예를 들어 선진국들이 많이 사용하는 2005년 기준연도 방식으로 계산하면, 우리 정부가 제시한 감축목표 37%가 실제로는 5.6% 감축에 불과하다. 또한 해외에서 구입하는 탄소배출권을 제외하면 국내 탄소배출량은 오히려 11.1% 정도 증가한다.

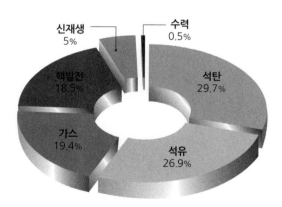

우리나라 2035년 총 에너지원 비중 전망
(2차 에너지 기본계획 : 2014)

둘째, 향후 발전설비 계획이 여전히 화석연료 위주로 되어 있다는 점도 문제다. 2014년 확정된 2차 에너지기본계획상 2035년 총 에너지원별 비중은 석탄(29.7%), 석유(26.9%), 가스(19.4%), 원자력(18.5%), 신재생(5%), 수력(0.5%)순으로 되어 있다. 이는 2035년에도 화석에너지가 전체 에너지원의 76%를 차지한다는 것을 보여준다. 더욱이 그중에서도 석탄 비중이 가장 크다는 점은 심각한 문제라는 것이다.

우리나라는 2013년 기준 5억 7,200만 톤의 연료연소에 의한 이산화탄소를 포함해 총 6억 9,400만 톤의 온실가스를 배출해 세계 7대 탄소배출국이다. 이후 탄소배출 증가 속도 또한 세계에서 가장 빠른 편으로, 2030년에는 1인당 이산화탄소 배출량이 러시아와 미국에 이어 세계 3위로 전망되고 있다. 특히 많은 국가들은 이제 우리를 개도국이 아닌 선진국으로 간주하고 있다. 그리고 온실가스 배출 억제를 위해 보다 더 적극적인 역할을 해줄 것을 요청하고 있는 실정이다.

여기에 우리나라는 기후변화기금인 '녹색기후기금(GCF, Green Climate Fund)' 사무국을 유치해 둔 국가이다. 따라서 우리나라는 인류공동의 과제인 온실가스 감축과 환경오염 방지를 위해 주도적인 역할을 해나가야 할 것이다. 특히 새로이 발족한 신(新)기후협약이 부담이 아닌 새로운 경제성장 동력 창출의 기회라는 인식 아래 적극적으로 대응해 나가야 한다.

뜨거운 지구를 살리자

Democratization
Business
Develop
80%
solution
?!
Growth
SUCCESS
15%
100%
50%
75%
Team work

4부

에너지 절약과 기상이변
극복방안

경제와 환경이 조화를 이루는
지속가능개발

건강한 지구의 미래는 사회 · 경제 · 환경이 조화를 이루는 개발이 진행될 때 보장될 수 있을 것이다.

1972년 스웨덴 스톡홀름 '유엔 인간환경회의'에서 채택한 인간환경선언은 "인간은 그 생활의 존엄과 복지를 보유할 수 있는 환경에서 자유, 평등, 적절한 수준의 생활을 영위할 기본적 권리를 갖는다."라는 환경권을 선언했다. 또한 지역개발은 생태계를 파괴하지 않는 범위에서 이루어져야 한다는 이른바 '생태학적 개발'이라는 개념을 정립했다. 그리고 이 생태학적 개발은 이후 1980년 세계 자연보전 전략에서 '지속가능개발(environmentally sound & sustainable development)'이라는 용어로 발전했다.

이후 '지속가능개발'이라는 용어는 사회의 다양한 분야에서 매우 광범위하게 사용되고 있다. 그러나 그 구체적인 의미는 개발 대상이 무엇이냐에 따라 조금씩 다르게 정의된다. 그중에서 가장 일반적으로 사용되는 개념은 1987년 발표된 UN 보고서「우리의 미래(Brundtland Report)」에서 정립된 것이다. 이에 따르면 지속가능개발이란 '미래 세대가 그들의 필요를 충족시킬 능력을 저해하지 않으면서 현재 세대의 필요를 충족시키는 발전'이다. 다시 말해 '지속가능개발'이라는 개념의 핵심은 경제성장과 환경보전의 조화가 경제개발 자체의 지속성을 유지시키는 기반임을 명확히 인식하는 것이다.

지속가능개발이란 용어의 등장은 환경문제에 관한 전지구적 관심을 드높이는 계기가 되었다는 점에서 의의가 매우 크다. 지속가능성의 개념은 원래 생물학적 논리에서 출발했으나 이후 경제 · 복지 · 의료 · 문화예술 등 사회 전반의 문제로까지 확대되어 갔다.

이처럼 지속가능개발의 개념과 범위는 개발 대상이 무엇이냐에 따라 여러 가지로 달라질 수 있다. 그러나 크게 자연의 재생능력 범위 안에서 자연조건을 만족시키는 개발, 세대간 자연자원 이용의 형평성이 보장되는 개발, 절대빈곤 추방을 통한 사회정의 실현으로서의 개발 등으로 압축된다. 즉 사회와 경제와 환경이 조화를 이룬 개발이 되어야 함을 의미하는 것이다.

2015년 9월 개최된 제70차 UN 총회에서는 2016년부터 2030년 기간 동안 전세계의 지속가능한 발전을 위한 행동계획이자 목표로서, '세계의 변화/지속가능개발을 위한 2030과제(Transforming our World /The 2030 Agenda for Sustainable Development)'를 채택했다. 이는 환경 · 사회 · 경제 · 국가관리체계(governance) 전 분야에 걸쳐 17개 목표(Goal)와 169개 세부목표(Target)로 이루어져 있다. 이 '2030 아젠다(Agenda)'는 2001년에 시작하여 2015년에 종료된 '새천년개발목표(MDGs, Millennium Development Goals)'가 빈곤 퇴치 및 개도국 지원에 초점을 맞춘 것과는 달리, 선진국과 개도국을 포함한 모든 국가에 해당하는 발전목표를 담고 있다.

17개 목표에는 가난탈출과 기아해소, 건강한 삶, 양질의 교육, 양성평등, 위생적인 생활 등이 포함돼 있다. 또 지속가능한 경제성장과 산업화, 소비 및 생산이 선정됐으며, 국가 간 불균형 해소, 안전한 도시 만들기, 기후변화 적극 대응, 해양자원 보존, 평화증진 등도 포함돼 있다.

지속가능개발을 위한 17개 목표

1. 빈곤 퇴치 (No Poverty)

2. 기아 해소와 식량안보 달성 및 지속가능 농업 증진 (Zero Hunger)

3. 보건 증진 (Good Health and Well-Being)

4. 교육 보장과 평생학습 향상 (Quality Education)

5. 성 평등 달성과 여성역량 강화 (Gender Equality)

　　　　　　　　　　　　　　　　　　　뜨거운 지구를 살리자

6. 식수와 위생시설 접근성 보장 및 관리 강화
   (Clean Water and Sanitation)

7. 에너지 보급 (Affordable and Clean Energy)

8. 지속가능한 경제성장과 양질의 일자리 증진
   (Decent Work and Economic Growth)

9. 인프라 구축과 지속가능한 산업화 진흥·혁신
   (Industry, Innovation and Infrastructure)

10. 국가 내 및 국가 간 불평등 완화 (Reduced Inequalities)

11. 지속가능 도시 구축 (Sustainable Cities and Communities)

12. 지속가능한 소비 및 생산 패턴 확립
    (Responsible Consumption and Production)

13. 기후변화 대응 (Climate Action)

14. 해양과 해양자원의 보존과 지속가능 이용 (Life Below Water)

15. 육상 생태계 등의 보호와 지속가능 이용 (Life on Land)

16. 평화로운 사회 증진과 제도 구축
    (Peace, Justice and Strong Institutions)

17. 이행수단과 글로벌 파트너십 강화 (Partnerships for the Goals)

우리나라도 「저탄소 녹색성장 기본법」에 의거해 2006년부터 5년 단위로 '지속가능발전 기본계획'을 수립·추진해 오고 있다. 2016년 1월 확정한 제3차 '지속가능발전 기본계획'은 '환경·사회·경제의 조화로운 발전'이라는 비전 아래 건강한 국토환경, 통합된 안심사회,

포용적 혁신경제, 글로벌 책임국가 등 4대 목표와, 이를 실천하기 위한 50개 이행과제를 제시하고 있다. 4대 목표별 주요 이행과제는 다음과 같다.

첫째, 환경 분야는 '건강한 국토환경'을 목표로 10개 이행과제로 구성되어 있다. 고품질 환경서비스 확보를 위해 초미세먼지 대기환경기준을 세계보건기구(WHO) 기준에 맞게 단계적으로 강화하고, 환경오염 배출관리체계를 선진화한다. 이를 위해 친환경 자동차 보급을 확대할 계획이다. 또 우수한 생태계 보전을 위해 백두대간, 비무장지대(DMZ) 등 한반도 핵심 생태축의 연결성을 강화하고, 국립공원·산림보호지역 등 자연보호지역을 확대해 나갈 예정이다. 농어촌지역 상수도 확충 등 물 순환체계도 강화해 나갈 계획이다.

둘째, 사회 분야는 '통합된 안심사회'를 목표로 16개의 이행과제로 구성되어 있다. 서민과 중산층의 주거 지원을 위해 행복주택 등 임대주택을 지속적으로 공급한다. 여성의 경제활동 지원을 위해서는 청년층·경력단절 여성에 대한 특화프로그램을 운영하고, 직장 어린이집을 확충해 나갈 계획이다. 또한 갈수록 관심이 증가하고 있는 건강 분야에 대한 정책을 강화하고, 사전예방적 안전관리 강화 등을 통해 안전한 사회 구축에도 힘쓸 계획이다.

뜨거운 지구를 살리자

셋째, 경제 분야는 '포용적 혁신경제'를 목표로 12개의 이행과제로 구성되어 있다. 먼저 공공부문의 솔선수범, 기업의 청년고용 창출을 위한 재정 지원, 혁신형 창업 지원 등을 통해 일자리를 창출하고, 비정규직의 정규직 전환 지원 등 고용안정성을 강화할 예정이다. 또한 친환경 순환경제 정착을 위해 자원순환 성과관리제와 폐기물 처분분담금, 재활용 네거티브(negative)제를 도입하는 등 자원의 재활용을 촉진한다. 지속가능하고 안전한 에너지체계를 위해서는 친환경 에너지타운 확산 등 신재생에너지 보급을 확대하고, 원전 운영과 방사성 폐기물의 안전관리를 강화해 나갈 예정이다.

넷째, 국제 분야는 '글로벌 책임국가'를 목표로 8개 이행과제로 구성되어 있다. 개도국에 대한 공적개발원조 비중을 확대하고, 유엔개발계획(UNDP) 등 국제기구와의 협력을 강화한다. 파리 기후협약 이행계획을 수립하고 후속조치에도 능동적으로 참여한다. 또 온실가스 배출권거래제 정착을 위해 배출권 거래시장의 안정적 관리와 참여기업에 대한 지원 확대 등을 추진할 예정이다.

마지막으로 지속가능발전 교육 활성화, 지속가능발전 지표에 따른 평가 강화 등 지속가능발전의 이행 기반 강화를 위한 4개 이행과제를 추진할 예정이다.

제3차 '지속가능발전 기본계획' 목표

주요성과지표		2015	2020	2035
초미세먼지 환경기준	연평균㎍/㎥	25	20	15
도시 생태휴식공간 조성면적	만㎥	109	344	1,034
자연보호지역 비율	%	12.6(14년)	17.0	20.0
국가 자생생물 목록화 수	개	42,756(14년)	60,000	85,000
깨끗한 물 확보 수준	%	2등급 이상 79.8%(14년)	전국 상수원 1등급 이상	도심하천 2등급 이상
여성 고용률	%	54.9(14년)	61.3	61.3
어린이 아토피 질환 환자 수	만 명	42(14년)	35	30
유동화학물질 안전정보 확보율	%	5	50	80
고용률	%	64.7(14년)	70	70
자원생산성	원/kg	1,382(14년)	1,719	3,500
재활용품	%	83.2(13년)	90	97
에너지원 단위	toe백만원	0.247(14년)	0.226	0.180
신재생에너지 보급비율	%	3.52(13년)	5.0	11
GNI 대비 ODA 비율	%	0.13(13년)	0.20	0.30
1인당 온실가스배출량	tCO₂/인	13.8(12년)	–	10.3(30년)
실질GDP 대비 온실가스 배출량	tCO₂/억원	513(12년)	–	254(30년)

뜨거운 지구를 살리자

산림을 지키고 나무를 심자!

산림의 기능은 임산물을 생산하는
경제적 기능과 국토보전, 수원(水源) 함양, 산림휴양, 야생동물 보호,
산소공급 및 대기정화 등 다양하다.

산림이 제공하는 가치는 시장에서 결정되지 않기에 직접적인 평가는 쉽지 않다. 그러나 산업화, 도시화로 각종 공해가 갈수록 심해짐에 따라 깨끗한 물, 맑은 공기, 아름다운 경관 등 산림의 공익 기능에 대한 요구가 폭발적으로 증가하고 있다. 국립산림과학원에서 조사한 바에 따르면 우리나라 산림의 공익가치 총 평가액은 2014년 기준 126조 원으로, 국내총생산(GDP)의 8.5%에 달하는 것으로 나타났다. 이는 국민 한 사람이 산림으로부터 약 250만 원의 혜택을 받는 셈이다.

산림은 토사의 유출 및 붕괴를 막고, 낙석이나 산사태 등을 방지하는 기능을 한다. 또한 산림은 자연경관 유지, 양호한 산림휴양 장소를 제공함으로써 급격히 늘어난 야외휴양 수요에 제 역할을 다하고 있다. 이 밖에도 산림은 동식물 서식보호 장소로서 종의 보존 기능과 더불어 지구온난화를 완화시키고, 오염된 대기를 정화하며 정신문화 교육장을 제공하는 등 산업화된 현대사회에서 산림의 가치는 무한하다.

먼저, 산림의 대기정화 기능을 알아보자. 최근 전 지구촌의 심각한 환경문제로 부각된 지구온난화를 억제하기 위해서는 이산화탄소 발생량을 줄이거나 발생한 이산화탄소를 녹색식물을 통해 제거해야 한다. 그러나 이산화탄소 배출은 각국의 경제발전과 직접적으로 관련된 문제이기 때문에 그리 쉽게 해결되지 못하고 있는 실정이다. 현재의 과학기술 수준 또한 배출된 이산화탄소를 적정 수준으로 제어하기에는 한계가 있다.

이에 따라 아직까지는 산림과 같은 녹색자원 활용이 지구환경 보존을 위한 최선의 선택이라 할 수 있다. 한 연구에 따르면 0.5kg의 나무 무게가 증가하는 동안 수목은 약 0.75kg의 이산화탄소를 흡수하고 0.6kg 정도의 산소를 방출한다고 한다. 이 연구 자료를 바탕으로 산림청이 보고한 우리나라 산림의 산소공급 총량은 약 3,600만 톤에 달하고, 이는 1억 3,000만 명이 호흡할 수 있는 양이라고 한다.

뜨거운 지구를 살리자

또 이산화탄소 흡수량은 약 4,600만 톤으로 총 이산화탄소 배출량의 8%에 달하고, 미세먼지도 총 배출량의 25%를 흡수하는 것으로 평가되고 있다.

수목은 이런 기능을 그늘과 수분 증발을 통해 수행하고 있다. 가령 높이 30m에 20만 개의 잎이 있는 나무의 경우 성장이 왕성한 계절에는 토양으로부터 흡수한 약 42m³의 물을 공기로 내뿜는다고 한다. 한마디로 산림은 지구를 식혀 주는 에어컨 역할을 수행한다.

이러한 산림의 기후조절 기능은 잎의 밀도, 잎 모양 그리고 가지의 형태에 따라 달라진다. 따라서 온도가 높은 지역의 도시 및 주변에는 활엽수림을 조성하는 것이 온도를 떨어뜨리는 데 효과적이다.

여름철에는 잎에 의해 태양광선을 차단하고 수분을 증발시켜 열기를 식히고, 겨울철에는 나무의 가지나 잎이 있는 부분, 즉 수관층(樹冠層)이 말라 낙엽이 되므로 그 반대 효과를 기대할 수 있다. 특히 도시의 숲은 소음을 감소시키고 광합성 작용에 의한 산소 발생과 분진흡착 등으로 공기를 정화시킨다. 한 조사에 따르면 숲이 있을 때 여름 한낮의 평균기온이 3~7℃ 낮았고, 습도는 평균 9~23% 높은 것으로 나타났다.

다만, 수목은 항상 산소를 방출하는 것이 아니라 흡수와 방출을 같이 하고 있다. 그 결과 노령화된 임분(林分)이나 과밀된 임분에서는 수목의 성장이 느리고 산소를 흡수하는 양이 방출하는 양보다 많아 오히려 부정적 영향을 준다. 임분이란 나무의 종류, 나이, 생육 상황

등이 비슷하여 하나의 단위로서 주위의 산림과 구분이 가능한 숲의 범위를 뜻하며, 보통 1ha 이상의 면적을 가지고 있어야 한다.

그러므로 산소 공급과 대기정화라는 측면을 고려하면 산림면적을 확대하고, 아울러 탄소 흡착률(吸着率)이 높은 속성수의 확대 조림이 필요하다. 또 기존의 노령 임분이나 생장이 느린 불량 임분에 대한 수종갱신 작업도 병행되어야 한다.

또한 산림은 수자원 보호 기능을 통해서도 대기보전에 기여한다. 숲의 수자원 함양 기능은 숲이 빗물을 머금었다가 서서히 흘려보내는 인공 댐과 같은 기능을 한다고 하여 '녹색 댐'이라고 불리고 있다. 녹색 댐 기능은 비가 많이 내릴 때 홍수유량을 경감시키는 홍수조절 기능, 비가 오랫동안 오지 않아도 계곡의 물이 마르지 않게 하는 갈수(渴水) 완화 기능, 수질을 깨끗하게 하는 수질정화 기능 등을 말한다.

우리나라의 산림지역에서 만들어지는 연간 물의 양은 수자원 총량 1,267억 톤의 약 65%인 830억 톤에 달한다고 한다. 그리고 우리나라 숲이 저장할 수 있는 물의 양은 수자원 총량의 15%인 192억 톤이다. 이 수량은 국내에서 가장 큰 소양강 댐을 10개나 지어야 얻을 수 있는 것이다. 또 이 수량은 세계에서 가장 깊은 화산 호수인 백두산 천지를 10번 가득 채울 수 있는 양이기도 하다.

이렇게 저장된 물은 산림에 의해 연중 적절히 방출되는데, 건강한

뜨거운 지구를 살리자

전문가들의 연구 결과에 따르면, 열대림을 개간하여 목초지로 이용했을 때의 경제적 이익보다 열대림을 보존하여 지속가능한 자원을 얻을 때의 이익이 40배 정도나 많다고 한다.

산림일수록 조절 기능이 커서 홍수기에는 물을 토양 내에 저장하고 갈수기에는 천천히 방출한다. 이처럼 숲이 머금은 물은 1년 내내 계속해서 흘러나오기 때문에 대부분을 이용할 수 있다. 그래서 '녹색 댐'이 공급하는 물의 양은 우리나라 수자원 총 이용량의 58%에 달한다.

이 밖에도 산림은 사람들에게 휴양 기능을 제공함으로써 풍요롭고 쾌적한 삶을 누릴 수 있게 해준다. 나무들이 스스로를 보호하기 위해 내뿜는 항균성 물질인 피톤치드(phytoncide)는 사람들 건강에도 큰 도움을 준다. 뿐만 아니라 녹색 숲은 사람들에게 심리적 안정감을 주고 눈의 피로를 덜어주는 효과도 있다. 삼림욕을 통해 몸과 마음의 병을 치유하려는 사람들도 늘고 있다.

우리는 이처럼 인간에게 여러 가지 유익한 기능을 하고 있는 산림을 지켜야 한다. 특히 열대림을 지켜야 한다. 열대림을 파괴함으로써 몇몇 나라나 일부 다국적기업들은 단기간에 큰 이익을 보겠지만, 이는 전 인류에게 손해를 넘어 죄악에 가까운 행위다. 전문가들의 연구 결과에 따르면, 열대림을 개간하여 목초지로 이용했을 때의 경제적 이익보다 열대림을 보존하여 지속가능한 자원을 얻을 때의 이익이 40배 정도나 많다고 한다.

지구상의 열대림은 수억 년 동안 진화하고 형성된 것이다. 이렇게 유구한 시간 속에 형성된 열대 생태계가 인류의 잘못된 판단으로

뜨거운 지구를 살리자

100여 년 만에 절반가량이 파괴되었다. 지금과 같은 속도로 열대림 파괴가 자행된다면, 나머지 절반이 파괴되는 것도 시간문제다. 이처럼 산림의 파괴는 결국 부메랑이 되어 인류의 멸망을 초래할 것이다. 따라서 전세계 모든 나라와 국민들이 지혜와 힘을 모아 산림 파괴를 막아야 할 것이다.

우리나라는 숲이 차지하는 면적이 전 국토의 2/3인 64%나 된다. 그만큼 숲은 중요한 자원이다. 우리는 그동안 비교적 산림녹화사업을 성공적으로 수행해 왔다. 일본 치하 당시에는 우리나라 절반 이상의 산이 민둥산이로 헐벗은 모습을 하고 있었다. 그러나 1945년 광복을 맞으면서 정부는 4월 5일을 식목일로 정해 매년 나무를 심고 가꾸어 왔다. 아울러 1967년 산림청을 발족시키는 한편, 1970년대에는 새마을운동과 연계하여 '치산녹화 10개년 계획'도 추진했다. 이렇게 노력한 결과 우리나라 산은 점차 푸르게 변해갔고, UN은 우리를 제2차 세계대전 이후 산림녹화에 성공한 유일한 개발도상국이라고 극찬하기도 했다.

산림녹화에 대한 자신감이 생기자 우리 정부는 도시 녹지화를 위한 시책도 다양하게 추진할 수 있게 되었다. 그 예로는 공원녹지조성, 건축이나 주택건설시 조림 의무화, 대도시의 팽창방지와 자연환경보전 목적의 개발제한구역제도(Green Belt)의 운영 등이다. 그러나 골프장 건설, 그린벨트 훼손 등 산림녹화 분위기가 이완되는 사례도 늘고 있는데, 이러한 점은 경계해야 할 것이다.

산업구조 고도화와 에너지효율 제고

우리나라는 화석연료가 거의 생산되지 않는 자원빈국이다. 우리나라에서 생산되는 에너지 자원은 석탄뿐이다. 그래서 에너지원의 약 97%를 해외에서 수입하고 있는 실정이다. 에너지원 수입액은 우리나라 전체 수입액의 25~30%에 해당하는 막대한 양이다. 2013년 기준 우리나라의 에너지원 별 소비구조는 석유 · 석탄 · 천연가스 등 화석연료가 85%, 원자력이 11%, 나머지가 수력과 대체에너지로 구성되어 있다.

이처럼 화석연료가 거의 생산되지 않는데다 에너지원 대부분을 수입에 의존하는 상황임에도 에너지 소비 규모는 대단히 크다. 전체 에너지 소비 규모는 세계 8위 수준이고, 1인당 에너지 소비량은

5.27toe로 OECD 평균 4.19toe을 크게 웃돈다. 이는 미국 6.81toe를 제외하고는 세계 최고 수준이다. 부문별 소비구조는 산업용이 62.4%로 압도적이다. 다음으로 수송용과 가정·상업용이 각기 17.7%를, 공공·기타부문이 2.2%를 차지하고 있다.

한편 우리나라 전체 이산화탄소 배출량의 약 85%는 에너지 부문에서 발생한다. 또 다른 통계에 따르면 우리나라 전체 이산화탄소의 약 40%가 발전부문에서 배출되고 있으며, 이중 80~90%는 화력발전에서 배출되고 있다고 한다. 이에 따라 우리나라가 온실가스를 줄이기 위해서는 전력부문의 온실가스를 대폭적으로 감축하는 것이 불가피하다. 특히 화력발전에서의 감축노력이 강하게 요구된다.

우리 정부는 2014년 1월, 2015년부터 2035년까지 향후 20년간의 에너지정책 비전을 담은 '제2차 에너지기본계획'을 확정했다. 이에 따르면 에너지원별 비중을 석유와 석탄은 65.8%에서 52.0%로 낮추는 반면 전력과 도시가스, 열에너지 비중을 높여나가도록 했다. 또 에너지 수요를 대폭 줄여 최종 에너지 소비량은 전망치보다 13%, 전력 소비량은 15% 감축할 계획이다.

그런데 에너지 수요를 줄이기 위해서는 규제 중심의 에너지 절약 정책보다는 자발적인 에너지 절약과 효율 향상의 기반을 강화하는 유인체계 구축이 더 중요하다. 특히 우리나라의 경우 에너지 절약을 위해 무엇보다 시급한 과제는 에너지 가격체계의 개선이라 할 것이다. 그동안 우리나라의 에너지 가격이 지나치게 낮았던 점이 과도한 에너지 소비를 부추긴 주요인이라는 점은 잘 알려진 사실이다. 이러한 점을 감안할 때 에너지 가격은 정부가 규제할 것이 아니라 시장의 에너지 공급과 수요를 반영할 수 있는 가격체계로 전환하는 것이 바람직하다. 이렇게 하면 대외적인 에너지 가격변동의 위험을 신축적으로 흡수하고 조절할 수 있을 것이다.

우리나라는 세계 주요국 가운데 유일하게 1차 에너지원인 석유·가스보다 2차 에너지원인 전기 가격이 싸다. 이렇듯 왜곡된 에너지 가격 구조이기 때문에 전기 집중화가 심각한 상황에 이르렀다. 그동안 우리나라 전기요금은 국제경쟁력 강화를 위한 지원 목적과 또 공공요금 안정을 통한 물가관리 차원에서 OECD 국가들에 비해 상대적으로 낮게 책정·운영돼 오고 있다. 특히 산업용 전기요금은 더욱 낮은 수준으로 원가에도 못 미치는 실정이다.

이러한 비현실적인 전기요금 체계로 인해 전력 낭비를 초래할 뿐만 아니라, 국가전반의 에너지 효율을 낮추며 산업구조까지도 왜곡시키는 결과를 낳는다는 비판을 받아왔다. 효율적이고 안정적인 전력공급을 위해서는 궁극적으로 가격에 기반한 전력수요 관리가 중요하다. 따라서 하루속히 전기요금 체계를 개선하려는 노력이 필요하다. 다만 중소기업과 취약계층에 대한 배려는 지속되어야 할 것이다.

뜨거운 지구를 살리자

생활에서 쓰레기를 줄이는 것도 온실가스 감축에 커다란 도움이 된다. 생활쓰레기를 분해할 때 많은 온실가스가 방출되기 때문이다.

일상생활에서도 에너지 낭비를 줄이는 노력을 해나가야 한다. 예를 들어보자. 자동차를 하루만 운행하지 않아도 이산화탄소 배출을 줄일 수 있다. 실내온도를 적당히 유지하면 전력 소비량이 많이 줄어든다. 이는 에어컨을 한 대 가동하는 데 소모되는 에너지가 선풍기 20대를 동시에 틀어놓는 것과 같다는 점에서 쉽게 알 수 있다. 컴퓨터와 같은 전자제품의 전원을 끄면 그만큼 전력 소비량을 줄일 수 있고, 플러그까지 뽑으면 전기에너지를 더 줄일 수 있다. 전원을 꺼도 플러그를 통해 소모되는 전력을 대기전력이라고 하는데, 이 대기

전력이 가정소비전력의 약 10%에 달하기 때문이다. 형광등을 LED로 교체하는 것도 전력소비의 절약에 도움이 된다.

주택의 단열시공을 철저히 하는 것도 에너지 절약방안이다. 단열이 잘된 집은 그렇지 않은 집보다 50% 이상 난방에너지가 절감된다고 한다. 주택과 빌딩에서는 이중창이나 단열창호를 시공하여 단열효과를 높이고, 겨울철 창문에 문풍지 등을 붙여 새나가는 열을 차단하면 에너지 낭비를 줄일 수 있다.

일상생활에서 쓰레기를 줄이는 것 또한 온실가스 감축에 커다란 도움이 된다. 생활쓰레기에는 음식물쓰레기를 비롯하여 냉장고, 책상, 침대 같은 가구 폐기물 등 일반가정에서 나오는 모든 것이 포함되는데, 이 양이 엄청나다. 뿐만 아니라 일회용품 사용으로 쓰레기가 늘고 있으며, 상품 포장지 등 쓰레기도 큰 문제가 되고 있다. 생활쓰레기를 분해할 때 많은 온실가스가 방출되기 때문이다.

어쩔 수 없이 배출되는 쓰레기는 재활용과 재사용을 늘려야 한다. 이는 쓰레기를 줄일 수 있을 뿐만 아니라 자원 낭비를 막고 환경오염을 줄이는 효과도 거둘 수 있기 때문이다. 재활용이란 쓰레기를 다시 쓸 수 있도록 만드는 것으로, 플라스틱은 다시 플라스틱 제품으로, 폐지는 종이나 화장지로 활용하는 것이다. 재사용은 내게 필요없는 물건을 다른 사람에게 다시 쓰게 하는 것이다. 상급 학교로 진학할 때 후배에게 가방이나 교복을 물려주거나 내게 필요하지 않은

뜨거운 지구를 살리자

물건을 다른 사람과 교환하는 것이 이에 해당한다. 이렇게 볼 때 재사용은 쓰레기 처리 방법 중 가장 좋은 방법이다.

재활용이 곤란한 쓰레기는 소각 등의 중간처리 단계를 거친 다음 마지막 단계로 매립된다. 그런데 쓰레기를 아무 데서나 소각 또는 매립하면 환경이 훼손되기 때문에 반드시 오염방지 시설을 갖춘 장소에서 해야 한다. 그러나 오염방지 시설을 지을 수 있는 조건을 갖춘 곳이 많지 않은 데다 지역주민들의 반대가 심하기 때문에 소각장과 매립장 확보가 갈수록 어려워지고 있다. 더욱이 소각이나 매립 과정에서도 오염물질이 나오기 때문에 신경을 써야 한다. 예를 들면, 땅에 묻은 스티로폼 쓰레기가 썩어 없어지기까지 500년 이상, 플라스틱 병은 100년 이상, 나무젓가락은 20년 이상 걸리기 때문에 쓰레기 매립은 신중히 진행되어야 한다.

한편 이제 산업구조도 기존의 굴뚝산업을 지양하고 부가가치가 높고 친환경적인 3차 또는 4차 산업으로 이행해 나가야 한다. 기존의 제조업 중에서도 에너지 다소비산업은 지양해야 한다. 국가발전전략 또한 자원 낭비를 막고 지속가능한 성장모델을 기반으로 수립되어야 한다.

스마트 그리드(Smart Grid)를 통해 이를 구체적으로 살펴보자. 스마트 그리드란 기존의 전력망에 정보통신기술(ICT)을 접목해 전력공급자와 소비자가 양방향으로 실시간 전력 정보를 교환함으로써 에너지 효율을 최적화하는 차세대 지능형 전력망을 뜻한다. 전력을 효율적으로 사용하기 위해 고안된 에너지 저장장치, 에너지 관리시스템, 스마트 가전 등을 모두 아우르는 기술이다.

미국의 에너지연방규제위원회에 따르면 스마트 그리드를 통해 전력 사용이 가장 많은 피크타임 때 20%의 절전 효과가 있다고 한다. 2014년 세계경제포럼(WEF, World Economic Forum)도 '미래를 바꿀 신기술 10가지'를 발표했는데, 여기에 스마트 그리드도 포함되었다. 현재 스마트 그리드 시장을 선도하고 있는 국가는 단연 일본이다. 우리나라도 이를 적극 활용하려고 하고 있으나, 이를 실현하기 위해서는 전기요금 체계 개편 등 선행되어야 할 과제가 많다.

※ 1차에너지와 2차(최종)에너지

에너지는 에너지원(源)에 따라 1차에너지와 2차에너지로 구분된다. 1차에너지란 자연으로부터 얻을 수 있는 에너지로서 최초의 에너지를 의미하며, 석탄 · 석유 · 천연가스 같은 화석에너지와 태양열 · 지열 · 조력 · 파력 · 풍력 · 수력 같은 자연에너지가 있다. 2차에너지란 1차에너지를 변형 또는 가공하여 우리 생활이나 산업 분야에서 다루기 쉽고 사용하기 편리한 에너지로 만든 것으로, 전기 · 도시가스 · 코크스 · 석유제품 등이 있다.

우리가 일상생활에서 사용하는 2차에너지를 얻기까지는 상

뜨거운 지구를 살리자

당량의 에너지 손실이 따른다. 예를 들어, 1차에너지인 석탄·석유 등을 연소시켜 수증기를 만들고, 터빈을 돌려 2차에너지인 전기를 얻는 화력발전의 경우 약 60%의 열손실이 따른다. 석유제품 및 LNG를 도시가스로 전환하는 과정에도 열손실이 따르기는 마찬가지이다. 물론 기술이 발전하면서 열손실이 줄어들고 있지만 아직까지도 손실률은 상당히 높은 편이다.

한편, 석유환산톤(TOE, Tonnage of Oil Equivalent)은 지구상에 존재하는 모든 에너지의 발열량에 기초해 이를 석유의 발열량으로 환산한 것을 말한다. 1TOE는 원유 1톤이 연소할 때 발생하는 에너지로, 원유 1톤(7.41배럴)의 발열량 1,000만kcal가 기준이 되며, 석탄 1.55톤, 천연가스 1,150m^3에 해당한다.

화석연료 사용 감축, 석유의 미래는?

우리는 얼마나 많은 자원을 소비하고 있을까?

우선 산업현장에서 각종 물자들을 생산하기 위해 엄청난 전력을 소비하고 있다. 또 생활수준이 향상되면서 자동차가 폭발적으로 늘어나고 냉난방기구나 전열기구의 가동 시간도 길어지고 있다. 이러한 전력수요에 부응하려면 발전설비도 확충되어야 하므로 화석연료 사용량은 크게 증가할 수밖에 없다. 이처럼 당장 눈앞의 편의성을 중시하는 분위기에서는 석유를 비롯한 화석연료 사용량은 앞으로도 계속 줄이기가 어려울 것이라는 어두운 전망이 나온다.

국제에너지기구(IEA, International Energy Agency)에 따르면, 화석

뜨거운 지구를 살리자

연료가 전세계 에너지 소비에서 차지하는 비중이 2013년 기준 석유 31%, 석탄 29%, 천연가스 21%로 총 81%에 이른다. 또 이산화탄소 배출원은 석유 33%, 석탄 46%, 천연가스 20%, 기타 1%인 것으로 나타났다. 이처럼 화석연료는 매우 중요한 에너지원이지만, 아울러 심각한 이산화탄소 배출원이기도 하다. 특히 석탄은 가장 많은 이산화탄소를 배출한다.

화석연료가 지닌 문제점에 대해 좀더 구체적으로 알아보자. 무엇보다 화석연료는 형성되는 데 수백만 년이 걸리는 비재생자원이고, 매장량은 생산량보다 훨씬 빨리 고갈되고 있는 자원이다. 그래서 지금도 에너지 소비가 꾸준히 증가하는 추세를 감안할 때 앞으로 50년 후면 매장량이 고갈된다는 분석이 나오고 있다. 여기에 더해 화석연료 사용은 환경오염을 유발한다는 치명적인 결함을 가지고 있다.

이처럼 산업화의 가속화는 더 빠르게 자원을 고갈시키고, 더 많은 오염물질을 배출하는 악순환을 띤다. 기상이변과 지구온난화도 결국 이런 악순환의 과정에서 더 심각한 문제로 부각되고 있는 것이다. 따라서 기상이변을 막고 자원 고갈을 완화시키려면 화석연료 사용을 줄여나가야 하는데, 문제는 지금 당장 화석연료 사용을 중단할 수 없다는 점이다.

우선, 역사가 제일 오래된 전통적 화석연료인 석탄은 이산화탄소

만약 지금과 같은 생산량이 지속될 경우 향후 40~50년이면 석유가 고갈될 것이라는 의견이 나오고 있다.

를 가장 많이 배출하는 오염원이지만 장점도 갖고 있다. 저렴하고 안전하며 안정적으로 전력공급이 가능하다는 점이다. 더구나 태양열, 풍력, 수소 등 대체에너지는 기술개발이 더디고 아직은 경제성도 떨어진다. 원자력발전에 대해서는 위험하다는 인식 때문에 여전히 반대여론이 적지 않다.

이에 석탄에 새로운 생명을 불어넣을 기술로 평가되는 이산화탄소 포집 저장기술(CCS, carbon capture & storage)이 부상하고 있다. CCS란 이산화탄소가 대기로 방출되지 않도록 포집하고 저장하는 기술이다. 발전소나 제철소 같은 이산화탄소가 대량 발생하는 시설에

뜨거운 지구를 살리자

서 물리 화학적인 기술을 이용해 이산화탄소만 분리한 뒤, 이를 압축해 파이프라인 혹은 선박을 이용해 검증된 저장소, 예를 들어 지하 1,000m 이하의 대염수층에 저장하는 것이다. 영국·미국 등 선진국에서는 2020년대 기술 실용화를 목표로 중장기 로드맵을 마련하고 이미 본격적인 대규모 프로젝트를 추진 중이다. 우리나라도 2010년 '국가 CCS 종합추진계획'을 마련하는 한편 실용화를 추진해 나가고 있다.

화석연료의 꽃이자 현대문명의 원천인 석유에 대해 알아보자. 만약 지금과 같은 생산량이 지속될 경우 향후 40~50년이면 석유가 고

석유 생산량과 매장량

(2014년 기준)

	일 생산량(만 배럴)	매장량(억 배럴)
러시아	1,085	1,032
사우디아라비아	970	2,670(세계1위)
미국	1,407	485(잠재매장량 2조)
이란	280	1,578
중국	457	185(잠재매장량 1,000억)
캐나다	439	1,729(잠재매장량 2.4조)
멕시코	282	111(잠재매장량 5,000억)
아랍에미레이트	270	978
브라질	295	162
쿠웨이트	257	1,015

* 자료 : 통상산업부, Forbes & CNBC

갈될 것이라는 의견이 나오고 있다. 그러나 다른 한편으로는 아직까지 확인되지 않은 잠재매장량이 6조 배럴 이상에 이를 것이라는 의견도 있다. 그런데 이 원유 잠재매장량의 대부분은 북아메리카 지역에 집중되어 있다. 이에 과거 중동을 중심으로 형성됐던 에너지 주도권이 2020년이면 아메리카 대륙으로 넘어갈 것이라는 전망까지 등장했다.

잠재매장되어 있는 석유의 주성분은 바로 셰일가스(shale gas)와 셰일오일(shale oil)이다. 셰일가스란 모래와 진흙이 굳어 만들어진 암석층에서 발견되는 천연가스로, 매장량이 석유와 비슷해 미래 에너지원으로 주목받고 있다. 그동안은 셰일가스는 채굴하는 데 경제성이 없어 내버려두는 경우가 많았지만, 유가가 오르면서 경제성이 생긴 데다 채굴 기술도 향상돼 최근 석유 대체에너지로 주목받고 있다. 이 셰일 에너지로 인해 지구촌에서는 2014년이 끝나갈 무렵부터 '석유전쟁'이 일어나고 있다. 이 위험한 석유전쟁은 세계 에너지 판도를 뒤흔들고 있는 미국의 셰일가스·셰일오일 붐에, 사우디아라비아가 이끄는 석유수출국기구(OPEC)가 전쟁을 선포하고 나서면서 시작됐다.

세계는 그동안 1973년 제1차 오일쇼크 및 1978년 제2차 오일쇼크 등 두 차례의 오일쇼크를 경험했다. 그런데 이 두 번의 오일쇼크는 중동전쟁 등으로 인해 석유 공급이 줄어들면서 원유 가격이 급등한

뜨거운 지구를 살리자

데 따른 것이었다. 그러나 이번 석유전쟁은 전세계의 석유 수요가 급감하는 데 반해 공급은 오히려 늘어나면서 유가가 급락하고 있다는 점에서 차이가 있다.

국제유가는 2008년 7월 5일, 배럴당 146달러를 돌파해 최고치를 경신했다. 2014년 7월까지만 해도 배럴당 100달러를 넘었으나, 8월부터 하락하기 시작하더니 2016년 초에는 배럴당 20달러 선으로까지 급락하기도 했다.

이로 인해 사우디아라비아 등 중동 산유국들은 커다란 어려움을 겪고 있다. 더욱이 러시아, 베네수엘라, 브라질 등은 더 커다란 충격에 휩싸여 있다. 이들은 재정악화와 함께 마이너스 경제성장률을 나타내고 있다. 국가부도가 우려되고 있기도 하다.

그런데 원유가 하락은 비단 산유국들뿐만 아니라 세계경제 전체에도 부담이 되고 있다. 물론 유가하락은 물가안정에 도움이 되고 이를 바탕으로 원가부담이 줄어 투자가 활성화되는 장점이 있다. 그러나 지금과 같이 수요부진으로 인한 경기둔화 시기에는 오히려 경기를 한층 더 위축시키는 요인으로 작용하고 있다. 또 산유국들이 유동성 부족으로 금융시장에 투자했던 자금을 회수하거나, 원유를 매개로 한 금융상품들의 가치가 크게 떨어짐으로써 세계금융시장이 요동을 치고 파국을 맞을 가능성도 배제하지 못하는 상황이다.

한편 원유가 한 방울도 나지 않는 우리나라는 그동안 매년 물량 기준으로는 9억 배럴 이상, 금액 기준으로는 1,000억 달러에 달하는 원유를 해외에서 수입했다. 그나마 2015년에는 원유단가의 하락에 힘입어 수입물량은 비슷하지만 금액 규모는 551억 달러에 그쳤다. 이처럼 수입액이 줄었으나 마냥 좋아할 일만은 아니다. 유가하락으로 인한 산유국과 신흥시장의 경기부진은 우리의 수출과 건설시장을 위축시킨다. 그리고 원유를 가공해 수출하는 석유화학제품과 원유수송을 할 해운·조선 경기에도 악영향을 끼치기 때문이다.

뜨거운 지구를 살리자

신재생에너지 개발 노력 강화

지구온난화를 막기 위해서는 온실가스를 발생시키는 화석연료 사용을 줄여나가야 한다. 대신 환경에 무해하고 안전하면서도 재생가능한 에너지를 개발하는 데 눈을 돌려야 한다. 그래서 오늘날 인류는 땅속에 묻힌 에너지가 아닌, 지구에서 실시간 만들어지는 에너지를 이용하려는 노력을 기울이고 있다. 즉 태양열과 태양광, 물의 힘에 의한 수력과 바람의 힘에 의한 풍력, 밀물과 썰물에 의해 발생하는 조력, 땅속에서 발생하는 에너지를 이용하는 지열 등을 사용하는 것이다.

이러한 새로운 에너지가 다름 아닌 신재생에너지다. 우리나라에서는 8개 분야의 재생에너지와 3개 분야의 신에너지 등 총 11개 분야

지구 온난화를 막기 위해서는 온실가스를 발생시키는 화석연료 사용을 줄여나가야 한다. 대신 환경에 무해하고 안전하면서도 재생가능한 에너지를 개발하는 데 눈을 돌려야 한다.

가 신재생에너지로 지정되어 있다. 이 중 8개 재생에너지는 태양에너지, 태양광발전, 바이오에너지, 풍력에너지, 수력에너지, 지열에너지, 해양에너지, 폐기물에너지 등이다. 그리고 3개 분야의 신에너지는 연료전지, 석탄 액화가스화 에너지, 수소에너지이다.

　그러나 이 신재생에너지가 친환경적이라는 장점이 있지만, 시설비용이 비싸고 많은 양의 에너지가 필요한 곳에서는 부적합하다는 단점도 있다. 이론상으로 전세계 사막에 6시간 내리쬐는 태양에너지를 모두 합하면, 인류가 1년 동안 사용할 수 있는 에너지 규모가 된

뜨거운 지구를 살리자

다. 하지만 자연에서 우리에게 필요한 에너지를 끄집어내는 일은 결코 쉽지 않다. 따라서 신재생에너지의 활용도를 증대시키기 위해서는 기술력을 높여 가격을 낮추는 것이 중요한 과제이다.

이제 신재생에너지의 종류에 대해 보다 구체적으로 알아보자. 먼저 태양에너지는 태양으로부터 나오는 빛이나 열을 이용하여 얻는 에너지를 말한다. 태양에너지는 에너지의 원천이 태양이므로 그 양이 무궁무진하며, 이를 활용하는 과정에서도 환경문제를 일으키지 않는다는 장점이 있다.

현재 세계 각지에서는 기존의 에너지 판도를 바꿀 만한 대규모 태양열 프로젝트가 진행 중이다. 사막은 태양열발전소를 세우고 그 효율을 극대화할 수 있는 최적의 장소이다. 유럽연합(EU)은 사하라 사막과 아라비아 반도의 여러 지역에 태양열발전소를 설치한 후, 그 에너지를 유럽으로 가져오는 '데저텍(Desertec : Desert + Technology) 프로젝트'를 계획하고 있다.

2003년 시작된 이 프로젝트가 완료되는 2050년에는 유럽연합 전력 사용량 전체의 약 15% 공급을 목표로 한다. 이는 일반 원자력발전소 약 390개의 발전량과 맞먹는 엄청난 발전용량이다. 태양광발전이 아니라 태양열발전 방식이므로 환경조건이 좋은 곳에서는 낮 동안 저장한 열을 이용해 밤에도 에너지를 만들 수 있을 것이다. 또한 냉각수로 사용한 바닷물을 증류하여 얻은 물로 농사를 짓는 방안도

모색하고 있다. 하지만 천문학적인 비용문제와 기술적 장애가 있는 이 계획이 어떻게 실현될지는 미지수이다.

둘째, 바람을 이용하는 풍력에너지다. 인류는 아주 오래전부터 항해를 하거나 물을 퍼 올리고 풍차를 돌리는 데 바람을 이용했다. 최근에는 전기를 만드는 데도 바람의 힘을 이용하기 시작했다. 풍력에너지는 환경을 오염시키지 않는 깨끗한 에너지다. 그래서 신재생에너지 중 풍력에너지는 세계 여러 나라에서 가장 많이 개발·이용하고 있다. 풍력에너지는 연 20~30%의 성장률을 보이면서 지속적으로 발전하고 있어 점차 전력 생산의 중요한 에너지원으로 자리 잡아갈 것이다. 다만, 아직도 에너지 효용성과 소음 문제 등을 이유로 반대하는 목소리가 적지 않다.

독일, 미국, 스페인은 세계 풍력에너지 생산량의 50% 이상을 차지하는 풍력 선진국이다. 덴마크도 세계 풍력에너지의 3% 이상을 차지하고, 자국 내 전력 소비량의 20% 정도를 풍력이 담당하고 있는 풍력에너지 강국이다. 또한 세계에서 가장 큰 해상 풍력단지인 '혼스레프 풍력 공원(Horns Ref Windmill Park)'도 소유하고 있다.

셋째, 바이오에너지(bioenergy)는 생물체를 열분해하거나 발효시켜 에너지를 얻는 것을 말한다. 사람들은 나무, 해조류 등 모든 생물체뿐만 아니라 가축의 배설물과 음식물쓰레기까지도 에너지로 이용

뜨거운 지구를 살리자

하기 위해 노력하고 있다. 사탕수수나 옥수수에서 추출한 알코올을 자동차 연료로 사용하기도 하고, 공기가 없는 곳에서 발효된 가축의 배설물과 음식물쓰레기에서 나오는 메탄가스를 가정에서 연료로 사용하기도 한다.

이러한 연료에서 얻는 바이오에너지는 재생이 가능하고 환경도 오염시키지 않는다. 또한 바이오에너지는 저장할 수 있으며, 적은 비용으로도 개발할 수 있을 뿐만 아니라 물과 온도 조건만 맞으면 지구 어디에서나 얻을 수 있다는 장점이 있다. 또 열이나 전기로만 사용 가능한 다른 재생에너지와 달리 수송용 에너지로도 활용 가능하다는 특징이 있다. 'UN 기후변화에 관한 정부 간 협의체(IPCC)'에서 바이오디젤이 경유를 대체할 경우 이산화탄소 2.59ton/kl를 감축한다고 인정하면서 바이오에너지를 탄소 중립에너지로 인식하게 되었다.

넷째, 지열에너지는 지하에 있는 고온층으로부터 증기나 열수의 형태로 열을 받아들여 전기를 일으키는 방식을 말한다. 지열은 지표면의 얕은 곳에서부터 수km 깊이에 있는 고온의 물(온천)이나 암석(마그마) 등이 가진 에너지이다. 깨끗하고 경제적인 발전 방식이지만 아무 곳에서나 할 수 없는 한계가 있다. 미국·뉴질랜드·아이슬란드·이탈리아 등지에 지열발전소가 많은 편이다.

우리나라도 조만간 지열발전이 개시될 예정이다. 포항지열발전은 2016년 4월 1단계 1.2MW 실증사업 완료 뒤, 2단계 상용화 단계에서

설비용량 5MW를 증설해 총규모 6.2MW로 2017년 12월 준공 예정이다. 6.2MW는 약 4,000가구가 동시에 전기를 사용할 수 있을 정도의 용량이다.

이처럼 지구촌에서는 다양한 새로운 에너지를 개발하면서 석탄, 석유 등의 화석연료에서 발생되는 온실가스를 줄이기 위한 노력을 강화해 나가고 있다.

우리나라도 이러한 대열에 적극 합류해 나가고 있다. 2016년 초 확정된 우리나라의 '제3차 지속가능발전 기본계획'에는 신재생에너지 보급을 확대한다는 내용을 담고 있다. 즉 친환경 에너지타운의 단계적 확산, 해양·농업 등 부문별 신재생에너지 보급 확대 등을 통해 2013년 3.52%였던 신재생에너지 보급률을 2020년 5%, 2035년에는 11%로 끌어올릴 계획이다.

원자력발전은 불가피한 선택

2015년 말에 성사된 파리 기후협약 이후 세계 전력 공급원의 흐름이 바뀌어 나갈 것으로 예견되고 있다. 화력이 지고 대신 신재생에너지와 원자력이 뜰 것이다. 예견된 일이면서 동시에 예기치 못한 변화이기도 하다. 특히 후쿠시마 원전사고 이후 깊은 수렁 속에 빠져 '잊혀가던 전원(電源)'으로 치부되던 원자력발전이 대안에너지로 다시 기지개를 켜고 있다.

제2차 세계대전 이후 미국에서는 원자력을 원자탄이 아니라 전기에너지 생산에 이용하는 이른바 '원자력의 평화적 이용(Atoms for Peace)' 계획이 발표되었다. 이후 클린에너지라는 명분과 경제적 효율성도 높다는 장점이 부각되면서 미국을 비롯한 주요 선진국들은 상업용 원자력발전소를 확대 건설했다. 우리나라도 원자력발전소 건설 대열에 동참했다. 더욱이 20세기 후반부터 지구온난화가 심화되자 국제사회는 기후변화를 막거나 완화하기 위해 이산화탄소를 배출하지 않는 원자력발전을 확대해 왔다.

전원별 이산화탄소 배출량(g/kWh)을 보면 석탄 991g, 천연가스 549g, 석유 782g, 태양광 54g인데 비해 원자력은 10g에 불과하다. 석탄의 이산화탄소 배출량은 원자력의 100배 수준이고, 천연가스조차 50배가 넘는다. 특히 원자력은 발전단계에서는 이산화탄소를 전혀 배출하지 않을 뿐만 아니라, 발전소 건설이나 연료폐기 등 다른 과정에서도 최소한의 이산화탄소만 배출하는 친환경적인 에너지이다. 또한 발전단가면에서도 원자력발전은 두 번째로 저렴한 유연탄발전의 60% 수준이며, 태양광발전의 8% 수준으로 가장 저렴하다. 이는 연료인 우라늄이 석유나 천연가스에 비해 월등히 저렴하기 때문이다.

그러나 원자력발전소가 많은 대형사고를 일으키면서 이에 대한 찬반론이 명확히 갈리고 있다. 우선 1986년 옛 소련 체르노빌 원전에서 핵분열 반응이 제어되지 않고 마구 일어나 거대 폭발이 일어나는 사고가 있었다. 이 사고로 현장에서 수십 명이 사망했고, 그 후에도 사고 수습을 위해 투입되었다가 방사능 피폭으로 인해 수만 명의 작업자가 사망했다. 30년이 지난 지금도 체르노빌은 사람이 접근하지 못하는 폐허 상태이고, 살아 있는 작업자들은 피폭 후유증으로

뜨거운 지구를 살리자

고통 받고 있다.

또다시 2011년 3월, 일본 동북부의 후쿠시마 원전에서 4기의 원자로가 폭발해서 방사성 물질이 일본 전역과 태평양으로 퍼지는 사고가 일어났다. 원자로 폭발로 인해 노심이 녹아내렸고, 녹아내린 노심은 강철로 된 압력용기를 뚫고 콘크리트 격납용기까지 내려갔다. 노심의 열을 식히기 위해 주입된 많은 양의 물은 바다로 흘러들어가 그 일대의 해산물이 방사능에 오염되었다. 사고 후 원전 주변 20km 안에 거주하던 주민들은 모두 이주했는데, 수십 년 안에는 다시 돌아가지 못할 것으로 전망된다.

이 두 차례의 대형 원전사고 이후 독일, 이탈리아, 덴마크, 오스트리아, 필리핀 등은 더 이상 원자력발전을 하지 않기로 결정했다. 이와는 달리 우리 정부는 앞으로도 원자력을 확대하는 정책을 고수하기로 했다. 아울러 사용 후 핵연료를 재처리하고 고속증식로를 개발하는 계획도 추진하고 있다. 고속증식로가 개발되면 우라늄을 수입하지 않고 재처리를 해서 얻은 우라늄과 플루토늄만 가지고도 수백 년 이상 원자력발전을 할 수 있기 때문이다.

세계의 원자력발전 상황을 알아보자. 2013년 기준 원자력은 전세계 전력소비량의 약 13%를 공급하고 있으며, 원자력발전 비중이 가장 높은 나라는 프랑스로 70% 이상을 점유하고 있다. 미국, 영국, 러시아 등은 20% 내외의 원자력 비중을 유지하고 있다. 그동안 두 차

원자력 발전소는 현대사회에서 필요불가결한 전력수급원의 하나이다. 뚜렷한 대체에너지원이 개발되지 않는 한, 원자력발전은 21세기 초반이나 그 이후까지 전세계의 주요 에너지원으로서 그 역할을 할 것으로 보인다.

례의 원전사고 이후 주춤하던 원자력발전이 파리 기후협약 타결 이후 또다시 세계의 관심사로 부각되고 있다.

　세계 최대 온실가스 배출국인 중국은 '파리 기후협약' 이후 원자력발전을 확대해 나갈 움직임을 보이고 있다. 이는 경제성장의 동력원인 대용량의 전원을 확보한다는 것 이외에 '살인적인 스모그' 문제 때문이다. 중국 전체 전원의 90% 이상을 차지하고 있는 화석연료를 제한하지 않고서는 성장은 고사하고 생존마저 위협받을 처지임을 절감한 것이다. 기후에 민감하고 가동률이 낮은 태양광이나 풍

뜨거운 지구를 살리자

력의 한계를 잘 알고 있는 중국은 원자력발전에 명운을 걸고 있다. 중국의 원전 비중은 현재 3%도 안 되는데, 이 비중을 중장기적으로 20%까지 끌어올리겠다는 목표를 설정해 두고 있다. 이렇게 해야만 2030년 중국이 파리 기후협약에 내놓은 온실가스 절감계획, 즉 2030년까지 2005년 대비 60~65% 절감이라는 약속을 이행할 수 있으리라는 계산이다.

우리나라는 그동안 원자력발전 비중을 꾸준히 확대해 온 결과 전체 전력 소비 중에서 원자력이 차지하는 비중이 2012년 기준 26%에 달했다. 2014년에 확정된 '제2차 에너지 기본계획'에 따르면 2035년에는 원자력 비중을 29%로 높이는 것으로 되어 있다. 따라서 원자력발전소의 추가증설이 불가피한 상황이다. 더욱이 2015년 12월 타결된 파리 기후협약을 준수하기 위해서라도 앞으로 추가적인 원전건설을 강력히 추진해 나갈 것으로 예상된다.

우리나라에는 2015년 말 기준 4개의 원자력발전소 단지에서 24기의 원자로가 가동되고 있다. 2016년 1월 완공된 신고리 3호기가 시운전과 후속공정을 거쳐 상업운전에 돌입하면 국내 25번째 원전으로서 국가 전체 전력소비량의 약 3%를 감당하게 된다. 이 밖에도 2016년 7월 현재 5기가 건설 중이며, 4기가 추가로 건설 준비 중이다.

원자력발전은 안전성만 보장된다면 이보다 훌륭한 에너지원은 없다. 하지만 국민들은 혹시 발생할지도 모를 사고 때문에 원전건설에 대한 우려를 하고 있다. 때문에 안전성 확보 노력과 국민과의 소통이 원전건설의 전제조건이다.

원자력 발전소는 현대사회에서 필요불가결한 전력수급원의 하나이다. 또한 지구온난화의 주범인 탄산가스 배출량이 화력발전에 비해 거의 없다는 긍정적인 측면이 있는 것도 사실이다. 뚜렷한 대체에너지원이 개발되지 않는 한, 원자력발전은 21세기 초반이나 그 이후까지 전세계의 주요 에너지원으로서 그 역할을 할 것으로 보인다.

뜨거운 지구를 살리자

전기자동차 시대를 앞당겨야 한다!

2016년 1월 초, 2주간의 일정으로 북미 최대 자동차 전시회인 '북아메리카 국제 오토쇼(NAIAS, North American International Auto Show)'가 미국의 자동차도시 디트로이트에서 열렸다. 이번 전시회에는 내로라하는 40여 개 완성차업체와 30여개 부품업체가 참여했다. 특히 미국 오바마 대통령이 행사에 참관하여 관심을 끌었다.

이 전시회에서 가장 큰 주목을 끌었던 것은 최근 세계자동차업계에서 최대 화두로 떠오르고 있는 '친환경차'였다. 순수 전기자동차는 물론 하이브리드(hybrid car), 하이브리드와 전기자동차의 중간단계로 전기모터와 가솔린엔진을 함께 사용해 달리는 자동차인

PHEV(plug-in hybrid electric vehicle), 수소연료 전지차 등 최신기술이 대거 공개됐다. 그동안 대형 가솔린 차량에 집중해 온 미국 브랜드와 '클린 디젤'을 앞세우던 유럽 제조사들도 앞다퉈 전기자동차를 전면에 내세웠다.

전기자동차(electric car, electric automobile, electric vehicle)는 석유연료와 엔진을 사용하지 않고 전기 배터리와 전기 모터를 사용하는 자동차이며, 배터리에 축적된 전기로 모터를 회전시켜서 자동차를 움직인다. 원래 전기자동차는 1873년 가솔린 자동차보다 먼저 제작되었다. 그러나 배터리 중량이 무겁고 충전 시간이 너무 길어 실용화되지 못했다. 그래도 구조가 간단하고 내구성이 크며 운전하기 쉬운 점 때문에 주로 여성용으로 미국에서 1920년대 중반까지 소량 생산되었다. 이후 공해가 심각해지고 지구온난화 문제가 커다란 세계적이슈로 등장하자 1990년대부터 다시 개발되기 시작했다.

1996년 제너럴모터스(GM)사는 양산 전기자동차 1호로 볼 수 있는 'EV1' 전기자동차를 개발했다. 이는 미국 캘리포니아 지역에서 임대 형식으로 보급되었다. 그러나 GM사는 수요가 크지 않자 수익성이 낮다는 이유로 1년 만에 'EV1'의 조립라인을 폐쇄해 버렸다. 그러다 2000년대 들어 고유가와 엄격해진 배기가스 규제 강화가 전기자동차 개발의 속도를 빠르게 높였다. 시장 규모도 급성장 중이다.

전기자동차는 배기가스 등의 오염물질을 거의 배출하지 않고 소음과 고장이 적은데다 수명도 길며 운전조작이 간편하다는 장점을 갖고 있다. 다만 아직은 경제성이 낮고 배터리 수명이 길지 않아 시장성이 크지 않은 편이다.

사실 전기자동차는 배기가스 등의 오염물질을 거의 배출하지 않고 소음과 고장이 적은데다 수명도 길며 운전조작이 간편하다는 장점을 갖고 있다. 에너지 효율성 또한 가솔린 자동차보다 뛰어나다. 가솔린 자동차 엔진은 열효율이 20%밖에 안 되기 때문에 효율성이 낮은 반면, 전기자동차는 보통 한번 충전하면 충전량의 약 70~85%의 전기에너지를 사용할 수 있어 상대적으로 효율성이 높다. 무엇보다도 배기가스를 내뿜지 않는다는 점이 중요하다.

다만 앞으로 전기자동차가 본격적으로 상용화되고 시장이 활성화되기 위해서는 배터리 개선, 충전소·정비소 등 인프라 구축, 생산단가 인하 등의 과제를 해결해야만 한다.

이러한 상황에서 아직은 하이브리드 차가 생산 및 판매 면에서 순수 전기자동차와 PHEV를 훨씬 앞지르고 있다. 2015년 전세계 친환경차 판매량 222만대의 약 75%인 166만 1,000대를 하이브리드 차가 차지했다.

현재 전기자동차 개발에 가장 공을 들이고 있는 나라는 단연 매연에 시달리는 중국과 전통의 자동차왕국 미국이다. 이에 비해 하이브리드 차 부문에서는 일본이 다소 앞서나가고 있다. 중국은 최근 전기동력 자동차 부문에서 세계 최대 시장으로 떠올랐다. 2011년 8,159대에 그쳤던 중국의 전기자동차 생산량은 2014년 7만 4,763대로 급증했다. 불과 3년 만에 규모가 9배 이상 증가한 것이다.

이런 추세는 2015년에도 이어졌다. 2015년에는 중국 내 하이브리드를 제외한 전기자동차 판매가 20만 대를 넘어 미국의 전기자동차 판매량을 처음으로 앞질렀다. 유럽도 전기자동차 시장이 급성장 중이지만 중국에는 미치지 못했다. 2015년 순수 전기자동차와 하이브리드차를 포함한 친환경차 시장은 중국이 2014년에 비해 3배 이상 성장한 반면, 같은 기간 미국에선 하이브리드 차 판매량이 감소하는 등의 영향 탓에 축소됐다. 이런 추세를 반영하여 글로벌 컨설팅업체인 맥킨지는 중국의 전기자동차 시장은 20년 내 2,200억 달러 규모로 성장할 것이라는 전망을 내놓고 있다.

이러한 중국의 친환경차 시장 확대는 강력한 정부정책을 기반으로 하고 있다. 중국 정부는 나날이 심각해지는 대기오염 문제를 개선하고, 석유소비도 줄이기 위해 친환경차 보급에 적극 나서고 있다. 2020년까지 친환경차 500만 대를 보급한다는 계획도 가지고 있다. 이를 위해 전기자동차 구입시 차량 가격의 최고 50%까지 지원하고, 일부 대도시의 경우 신규 내연기관 자동차 구매를 제한하기로 했다. 아울러 2020년까지 1만 2,000개의 전기자동차 충전소를 설치하는 등 각종 지원 정책을 추진하고 있다.

전기자동차 얘기를 하려면 테슬라를 빼놓을 수 없다. 테슬라모터스(Tesla Motors, 이하 테슬라)는 2003년에 설립된 미국의 자동차회사다. '테슬라(Tesla)'라는 회사 이름은 물리학자이자 전기공학자인 니콜라 테슬라의 이름에서 따온 것이다. 테슬라의 CEO인 엘론 머스크는 온라인 결제 전문기업 페이팔의 공동창업자이기도 하다.

테슬라는 전기자동차만 전문으로 만든다. 2008년에 첫 제품으로 전기 스포츠카인 '로드스터'를 만들었고, 이후 프리미엄 세단 '모델S'와 스포츠 유틸리티 차량(SUV)인 '모델X'를 잇달아 만들어 판매하고 있다. 테슬라는 다른 자동차 제조업체에 비하면 규모도 작고 생산력도 낮지만 전기자동차로 자동차업계의 판을 흔들고 있는 강력한 진원지다.

독일의 자동차 3사가 하이브리드, PHEV, 순수 전기자동차, 연료전지 등으로 전략을 다변화할 때 테슬라는 고급 전기차를 주력 상품으로 삼았다. 기존의 회사들은 배터리의 기술 부족과 인프라 미비 등의 이유로 전기자동차를 적극적으로 추진하지 못했다. 하지만 테슬라는 기발한 아이디어로 주행거리 500km에 육박하는 고급 전기자동차를 만들어냈다. 테슬라는 기존 상식을 엎는 시도로 전기자동차에 꼬리표처럼 따라붙는 배터리 문제에 대한 우려를 해소하며 전기자동차에 쏟아지는 부정적인 시선을 걷어내기 시작했다.

그러나 여전히 짧은 주행거리와 비싼 가격문제는 완전히 해소되지 못한 채 미완의 과제로 남아 있다. 그동안 가장 많이 팔린 전기자동차인 일본 자동차회사 닛산의 '리프'는 가격이 3만 5,000달러 정도이나 한 번 충전으로 최대 주행거리는 170여km에 불과했다. 또 테슬라의 고성능 전기자동차 '모델S 85D'의 경우도 474km를 달릴 수 있지만 가격이 1억 원에 육박했다.

그런 가운데 테슬라는 전기자동차 성능제고를 위한 연구개발에 노력과 투자를 아끼지 않았다. 더욱이 파리 기후협약의 타결은 전기자동차에 대한 세계인의 관심과 인식을 한층 더 높이는 계기가 되었다. 마침내 테슬라는 전기자동차의 패러다임을 전환시키는 데 성공할 수 있었고, 엘론 머스크 회장은 세계 전기자동차업계의 아이콘으.

로 부상하게 되었다. 즉 이전까지의 전기자동차는 도심에서 단거리 사용을 염두에 둔 소형 차량에 불과했으나, '모델S'가 프리미엄 세단 시장에서 성공을 거두며 장거리 운행이 가능성을 보인 것이다. 또한 테슬라는 단순히 배터리 기술의 혁신을 넘어 수준 높은 소프트웨어를 지니고 있어 자율주행 자동차에 대한 가능성까지도 선보였다.

더욱이 2017년 하반기 본격 출시될 '모델3'은 공개한 지 한 달여 만에 사전 주문량 40만 대를 넘어설 정도로 폭발적인 반응을 보이고 있다. '모델3'은 기존 전기자동차와 비교할 때 가격이 비슷하면서도 주행거리는 2배에 달한다. 즉 1회 충전으로 최대 346km를 달릴 수 있으나, 가격은 기본형이 3만 5,000달러 수준으로 떨어졌다.

한편 전기자동차의 핵심요소인 배터리 성능을 개선하기 위해 미국의 테슬라는 물론이고 일본과 중국의 배터리 생산 전문업체들도 투자를 확대해 나가고 있다. 우리나라 또한 지금까지 보유하고 있던 세계최고의 배터리 기술 수준을 더욱 강화하기 위해 LG화학 · 삼성 SDI · SK이노베이션 등은 투자규모를 확충하고 공장을 증설하는 등 이 대열에 가세하고 있다.

이처럼 전기자동차를 향한 자동차업계의 경쟁은 이미 치열한 접전을 벌이고 있다. 더욱이 전기자동차는 이제 자동차업계만의 경쟁물이 아니다. 세계 IT업계의 리더들인 애플, IBM, 구글 등은 이미 전기차를 생산하거나 생산할 계획을 가지고 있다.

반면에 우리나라의 전기자동차 개발과 보급은 다소 뒤처진 편이다. 현대자동차는 그동안 전기자동차보다는 오히려 수소자동차 개발에 더 많은 투자를 해왔다. 전기자동차 보급대수도 전국적으로 아직 5,000여 대 수준에 불과하며, 그마저도 절반이 제주도에 있다. 그러나 최근 전기자동차가 친환경적 차세대 자동차로 대세를 이루자 우리도 이 대열에 적극 합류해 나가는 추세다. 그리하여 현대자동차는 물론이고 전자업계에서도 전기자동차 시장에 뛰어들고 있다.

2016년 초 확정된 '제3차 지속가능발전 기본계획(2016~2035)'에 따르면 2015년 현재 5,000여 대 수준에 그친 우리나라 전기자동차 보급대수를 2020년에 20만 대까지 늘리고, 전체 친환경차 보급은 2015년 18만 대에서 2020년까지 108만 대로 끌어올린다는 것이다.

뜨거운 지구를 살리자

탄소배출권 거래시장의 활성화

'**탄소배출권**(CERs, Certified Emission Reductions) **거래제'는** 온실가스 배출 권리를 사고팔 수 있도록 한 제도이다.

이는 교토의정서에서 정한 메커니즘의 하나로, 기후변화협약에 참여하는 당사국들이 할당받은 탄소감축 목표를 달성하기 위한 방법 중 하나이다. 온실가스 배출 할당량은 국가별로 부여되지만 탄소배출권 거래는 대부분 기업들 사이에서 이뤄진다.

예를 들어 한 기업이 1,000톤의 탄소배출권을 할당받았고 이 기업이 한 해 방출한 온실가스가 800톤이라면 200톤의 여유분이 생긴다. 이를 시장에 팔 수 있다. 1,200톤의 온실가스를 방출했다면 거꾸로 200t의 배출권을 시장에서 구입해야 한다.

2015년 1월 12일 우리나라는 온실가스(탄소) 배출권이 거래되는 시장을 개장했다.

세계 최초 탄소배출권거래소는 2003년 설립된 미국 시카고의 시카고 기후거래소(CCX, Chicago Climate Exchange)이며, 유럽 최초 거래소는 2005년 설립된 노르웨이 오슬로의 노드풀(Nord pool)이다. 이 탄소배출권거래소는 그동안 유럽연합의 기후거래소를 중심으로 명맥을 유지해 왔지만, 기대만큼 활성화되지 못한 것이 사실이다.

그러나 2020년경에는 시장이 비교적 활성화될 전망이다. 우선 세계 최대의 탄소배출국인 중국이 2017년부터 전국적 규모의 배출권 거래제도를 시행할 예정이다. 또 세계 제2위 탄소배출국인 미국은 청정발전계획(CPP)을 통해 전국의 화력발전소에서 배출되는 이산화탄소의 양에 대한 규제를 시행하기로 확정했다. EU 또한 그간의 허

뜨거운 지구를 살리자

용량 과다로 인한 배출권거래시장의 침체를 만회하기 위해 재고물량조정제도(Market Stability Reserve)를 실시하기로 했기 때문이다. 아울러 파리 기후협약이 성사되면서 후속조치의 하나로 우리나라를 포함해 미국, 일본, 독일, 호주 등 18개 국가가 조만간 국제 탄소배출권 거래 시장을 공동으로 만들기로 했다는 소식이 전해지고 있다.

2015년 1월부터 우리나라에서도 탄소배출권 거래 시장이 시작되었다. 이는 아시아권에서는 첫 탄소거래소이다. 정부가 기업에 온실가스를 배출할 수 있는 총량을 설정하고, 기업은 자체적인 온실가스 감축뿐 아니라 배출권의 거래를 통해 온실가스 감축목표를 달성할 수 있는 제도이다. 우리나라의 경우, 연간 12만 5,000톤 이상을 배출하는 525개 사업체를 대상으로 배출 할당량을 부여했다. 할당량보다 더 많은 온실가스를 배출하는 기업은 배출권을 더 구매하거나 시장 가격의 3배에 달하는 과징금을 내야 한다.

하지만 배출권거래제도가 시행된 지 1년 6개월 정도가 지났음에도 시장에서는 거래가 제대로 이뤄지지 않고 있다. 우리나라의 탄소거래 시장인 한국거래소에 따르면 배출권시장이 가동된 지난 1년 6개월 동안(2015년 1월~2016년 6월 말) 거래된 총 배출권은 426만 톤으로 정부가 내놓은 배출권 물량 5억 3,000만 톤 중 고작 0.8%만이 거래된 데 불과하다.

그러면 이처럼 우리나라 탄소배출권 거래시장이 제대로 역할을 하지 못하는 이유는 무엇일까? 우선 시장참여자가 매우 제한되어 있다는 점이다. 지금은 할당량을 최초에 확정받은 525개 기업과 2015년 정부가 추가로 선정한 44개 기업만이 시장에 참여할 수 있다. 배출권 할당을 받지 못한 기업은 시장에 참여할 수 없는 상황이다. 이에 비해 유럽은 공급자와 수요자가 균형 있게 시장에 참여해 가격결정이 효율적으로 이루어진다. 시장참여자도 헤지펀드, 투자은행, 증권, 산업체, 환경론자 등 매우 다양하다.

배출권 거래 가격이 지나치게 낮게 책정되고 있다는 점도 거래량이 적은 이유 중 하나다. 정부는 탄소배출권 거래 시장을 열면서 기준 가격을 톤당 1만 원으로 설정했다. 또 배출권 가격은 하루 ±10%를 넘지 않도록 고정시켰다. 정부 입장에서는 탄소배출권 구입에 대한 기업부담을 낮추겠다는 의도였지만, 결과적으로 정부가 가격을 통제하는 셈이 됐다. 현재 배출권에 대한 수요는 많지만 공급량은 적다. 수요가 많으면 당연히 가격이 올라야 하는데, 가격이 싸다 보니 수요 초과 현상이 지속되고 있다.

이러한 점들을 고려하여 앞으로 배출권거래 활성화를 위한 방안을 강구해 나가야 할 것이다. 무엇보다 시장참여자들을 늘려야 하고 할당 방법도 개선이 필요하다. 온실가스 배출은 경기와 매우 밀접한 관련이 있다. 경제 활동 변수를 무시한 과거 실적 기준

(Grandfathering)에 의한 할당방식은 경기가 좋으면 배출권 초과수요를, 경기가 좋지 않으면 초과공급을 일으키게 된다. 따라서 경기변동이나 생산활동을 고려한 할당방안 마련, 배출권 최고가격제 시행 등 시장 유연화 조치가 필요하다.

이 밖에도 정부는 일방적인 규제 중심으로 온실가스를 감축하기보다는 탄소배출 저감 기술개발 지원, 인센티브 도입 등으로의 정책전환이 필요하다. 탄소거래제와 별도로 탄소세를 도입하는 문제도 생각해 볼 수 있을 것이다. 탄소세를 부과할 경우 온실가스를 많이 배출하는 고(高)탄소 제품은 가격이 올라 시장에서 퇴출될 수밖에 없다. 이렇게 마련한 '탄소세'는 신재생에너지 연구개발과 확대보급 등에 쓸 수 있을 것이다.

우리나라 탄소배출권 거래량 추이(2015년 1월~2016년 6월 말 기준)

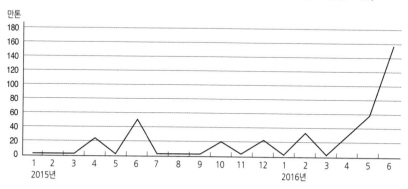

자료 : 한국거래소

현재 구미 선진국들은 탄소관세 도입을 적극 추진하고 있다. 이 경우 탄소배출이 가장 큰 무역장벽으로 등장하게 될 것이다. 탄소배출 감축이 기업에 추가부담이 되는 것은 사실이지만, 우리 정부와 기업이 능동적으로 대응해야 하는 이유이다. 그렇게 할 때에만 경쟁국에 비해 수출 경쟁력 우위를 확보할 수 있을 것이다.

뜨거운 지구를 살리자

하나뿐인 지구를 살리자!

2016년의 여름은 뜨거웠다. 여름이 시작되기도 전인 5월부터 폭염주의보가 발령되더니, 한여름으로 접어들면서 부터는 35℃를 넘어서면 발령되는 폭염경보가 연이어 나왔다. 허기야 중동의 사막지대는 50℃대 중반을 넘나들고 있다고 한다. 이러다가는 정말 지구가 녹아내리는 것은 아닐까 하는 두려움마저 든다.

이처럼 우리는 지구온난화의 폐해를 온 몸으로 실감하고 있는 중이다. 세계은행은 기후변화를 방치할 경우 2050년까지 13억 명의 사람들이 자연재해 위험에 노출되고 158조 달러에 이르는 손실이 예상된다고 전망하고 있다. 이는 연간 세계 총생산액(GDP)의 2배에 해당한다.

경제발전은 앞으로도 당연히 지속되어야 한다. 그러나 이보다 더 중요한 것은 우리 자신과 미래세대가 살아갈 이 지구촌을 보다 살기 좋고 건강한 공간으로 유지시켜 나가는 것이라 할 것이다. 그래서 이제 인류는 지구온난화를 막기 위한 조치들을 마련하고 행동에 나서야 한다.

우선 국제사회가 공동으로 마련한 기후변화 협약의 이행사항을 착실히 준수해나가야 할 것이다. 이를 위해서는 지구온난화의 주범인 이산화탄소를 실제로 배출하는 기업들이 주어진 책임을 다하는 것이 무엇보다 중요하다. 기업은 배출가스 억제활동을 비용의 개념으로만 치부해서는 안 되며, 오히려 기업체질 개선에 도움이 되고 또 새로운 투자기회가 된다는 적극적인 인식을 가지고 대응해 나가야만 한다. 실제로 국제에너지기구(IEA, International Energy Agency)는 기후변화 대응과 관련하여 에너지 시장에 2030년까지 12조 달러 이상의 새로운 투자기회가 생길 것으로 내다보고 있다.

한편 정부는 기업의 이산화탄소 배출 억제를 위한 노력에 대해 필요한 지원을 아끼지 말아야 하며, 또 기업이 이를 제대로 이행하는지 눈을 부릅뜨고 지켜보아야 할 것이다. 또한 에너지 정책 면에서는 화석연료의 사용을 줄이는 대신 신재생에너지의 활용도를 높여나가야

뜨거운 지구를 살리자

한다. 왜곡된 전기요금체계도 궁극적으로는 가격에 기반을 두는 방향으로 개선해 나가야 한다. 또 가솔린자동차를 대체하는 전기자동차 시대도 앞당겨 나가야 한다. 산업구조도 부가가치를 높이는 동시에 친환경적으로 바꿔나가야 한다.

개인들 역시 대중교통을 이용하고 전기를 아껴 쓰는 일에서부터 쓰레기를 줄이는 일, 나무를 심고 가꾸는 일 같은 소소한 일상에서 지구온난화를 막는 데 기여할 수 있을 것이다.

다음으로는 경제운용 방식을 지속가능 발전이 가능한 방식으로 바꿔나가야 할 것이다. 다시 말해서 보다 중장기적인 안목에서 미래 지향적으로, 양적 확장보다는 질적 개선에, 그리고 환경을 보전하고 자원의 고갈을 막는 방향으로 경제를 운용해 나가야 한다. 이제 국민들도 지구 환경을 파괴하면서 얻어내는 단순한 물질적 풍요보다는 쾌적하고 안전한 환경에서 몸과 마음의 건강과 평정을 누리는 '행복경제'를 원하고 있다.

이를 위해 UN이 움직이고 있다. 우선 기존의 GDP를 대체할 행복지수를 개발하고 있는 중이다. 또 전 세계의 지속가능한 발전을 위한 행동계획이자 목표를 제시하고 있다. UN은 2015년 '세계의 변화 - 지속가능 개발(sustainable development)을 위한 2030 아젠다'를 채택했다. 이 아젠다의 목표에는 가난 탈출과 기아 해소, 건강한 삶, 양질의 교육, 양성 평등, 위생적인 생활 등이 포함돼 있다. 또 지속가능한 경제성장과 산업화, 소비 및 생산이 선정됐으며 국가 간 불균형 해소, 안전한 도시 만들기, 기후변화 적극 대응, 해양자원 보존, 평화 증진 등도 포함돼 있다. 우리나라도 '환경·사회·경제의 조화로운 발전'이라는 비전 아래 2035년까지 이행해 나갈 제3차 〈지속가능발전 기본계획〉을 세워두고 있다.

우리는 이제 모두 새로운 각오 아래 지구온난화를 막는 데 적극 나서야 한다. 아주 작은 일이라도 하나씩 실천해 나가야 한다. 특히 우리나라는 세계 제7대 이산화탄소 배출대국이다. 향후 배출증가 속도 또한 세계 최고 수준일 것으로 전망된다. 여기에 우리는 기후변화기금인 '녹색기후기금(GCF, Green Climate Fund)' 사무국을 유치해 둔 국가이다. 따라서 우리나라는 인류공동의 과제인 온실가스 감축과 환경오염 방지를 위해 주도적인 역할을 해나가야 할 것이다. 그리고 새로 발족한 파리기후협약이 부담이 아닌 새로운 경제성장 동력 창출의 기회라는 인식 아래 적극적으로 대응해 나가야 한다.

이런 몸부림이 있어야만 우리가 그리고 우리의 미래세대가 영원히 몸담고 살아가야 할 삶의 터전인 하나뿐인 이 지구를 살릴 수 있을 것이다.

뜨거운 지구를 살리자